Gute Tropfen und rauschende Feste

Die schönsten Wein- und Festgeschichten der Bibel

Ausgewählt und eingeleitet von
Florian Voss

Deutsche Bibelgesellschaft
edition chrismon

Neuauflage des 2005 veröffentlichten Buches mit dem Titel
»Wein- und Festgeschichten der Bibel«

Bibeltext:
Gute Nachricht Bibel
Revidierte Fassung, durchgesehene Ausgabe

Die Deutsche Bibelgesellschaft ist eine kirchliche Stiftung des öffentlichen Rechts. Sie übersetzt die biblischen Schriften, entwickelt und verbreitet innovative Bibelausgaben und eröffnet für alle Menschen Zugänge zur Botschaft der Bibel. International verantwortet sie die wissenschaftlichen Bibelausgaben in den Ursprachen. Durch die Weltbibelhilfe unterstützt sie in Zusammenarbeit mit dem Weltverband der Bibelgesellschaften (United Bible Societies) weltweit die Übersetzung und Verbreitung der Bibel, damit alle Menschen die Bibel in ihrer Sprache lesen können.
Weitere Informationen finden Sie unter www.die-bibel.de

ISBN 978-3-438-04815-8 (Deutsche Bibelgesellschaft)
ISBN 978-3-96038-097-9 (edition chrismon)

Satz: Typograffiti Birgit Neumann, Neckartenzlingen
Einband: JoussenKarliczek GmbH, Schorndorf
Titelabbildung: iStock, © franckreporter
Gesamtherstellung: Livoniaprint, Riga

Printed in Latvia

www.die-bibel.de
www.eva-leipzig.de

Als Aperitif

Erdig, samtig, vollmundig – wo diese Worte fallen, weiß jeder: Hier wird von Wein gesprochen. Wohl kein zweites Getränk kennt wie der Wein eine ganz eigene Sprache. Sicher, man kann auch über Bier und vielleicht sogar über Mineralwasser fachsimpeln und auch Kaffee ist nicht gleich Kaffee, doch der Wein entführt den Menschen in eine eigene Welt, in einen Kosmos aus Geschmacksnoten und Düften, aus Farben und Stimmungen. Er hat – wie ein lebendiges Wesen! – einen Körper, es gibt jungen und alten Wein, trockene Typen und blumige Charaktere, und ganz am Ende seines Daseins steht, wie bei uns Menschen, der Abgang. Doch der Weg bis zu diesem Abgang ist weit: Erst wachsen die Trauben an den Reben heran und saugen die Kraft der Sonne, des Wassers und des Bodens in sich auf, dann kommt die Zeit der Weinlese und die Trauben werden gekeltert und geben ihr Bestes, ihren Saft, von sich. Der Saft wird gereinigt und die Hefen, die in ihm enthalten sind, beginnen ihre Wirkung zu entfalten. Am Ende des Gärungsprozesses steht endlich der trinkreife Wein, der dann, im Weinkeller seines Käufers, auf seine Stunde wartet, auf seinen großen Auftritt gewissermaßen. Jede Flasche Wein hat ihre eigene Geschichte.

Die Kulturgeschichte der Menschen ist auch eine Weingeschichte. Schon im 5. Jahrtausend v. Chr. wurde in Mesopotamien Wein angebaut. Die Griechen brachten die Kenntnisse des Weinbaus dann nach Italien und Frankreich, und die Römer wollten auf den Wein auch dann nicht verzichten, als sie ins Elsass sowie an den Rhein und die Mosel kamen. Später waren es christliche Missionare, die den Menschen in Mexiko, Argentinien und Kalifornien neben vielem Guten und Schlechten auch den Weinbau brachten. Da erstaunt es nicht, dass auch in der Bibel vom Weinanbau, von Weinbergen, Weinbauern und Weintrinkern erzählt wird, und das auf überaus vielgestaltige Weise: Manche Geschichten sind leicht und spritzig, andere eher schwer und wuchtig, manche von blumiger Sprache, andere eher kernig formuliert, manche kommen feurig daher, andere sind, bei näherer Betrachtung, doch etwas körperarm. Die Welt der Bibel und die Welt des Weines – sie sind so bunt wie das wirkliche Leben.

Zum Wein gehört das Feiern dazu: Mehr als jedes andere Getränk ist er mit Feiern und Festen verbunden. Zu beinahe jedem Anlass gibt es den passenden Wein. Wer vom Wein erzählt, wie es auf den folgenden Seiten geschieht, muss daher auch von Feiern und Festlichkeiten, von Gelagen und Gesellschaften aller Art erzählen. Weingeschichten und Festgeschichten hängen miteinander zusammen, viele Geschichten sind beides zugleich.

Eines kann man erfreulicherweise schon vorweg sagen: Die Bibel will ihren Lesern weder das Weintrinken noch das Feiern ausreden. Niemand Geringeres als der Apostel Paulus warnt einen seiner Mitarbeiter sogar ausdrücklich davor, es mit der Askese zu übertreiben, und rät demgegenüber dazu, auch mal zum Rebensaft zu greifen (1.Timotheus 5,23): »Trinke in Zukunft nicht nur Wasser! Nimm ein wenig Wein dazu, um deinen Magen zu stärken und weil du so oft krank bist.« Wenn das keine Ermutigung ist, sich auf die Wein- und Festgeschichten der Bibel einzulassen! Wein ist eben mehr als ein Getränk, er ist Medizin für Körper, Geist und Seele.

Winzer und Weintrinker im Alten Testament

Ab und an ein Glas Wein zu trinken – oder auch zwei – ist der Gesundheit des Menschen bekanntlich durchaus zuträglich. In Gemeinschaft genossen, kann der Rebensaft außerdem die Geselligkeit fördern. Wer dem Wein allerdings zu sehr zuspricht, riskiert nicht nur seine Gesundheit, sondern verliert auch rasch die Kontrolle über sich selbst. Die Bibel kennt eine Fülle von Geschichten, in denen Weintrinker besser etwas früher mit dem Trinken aufgehört hätten, da sie dann ihren Mitmenschen nicht willenlos ausgeliefert gewesen wären.
Doch nicht nur die Konsumenten des Weins geraten zuweilen in Schwierigkeiten. Mitunter trifft es auch die Anbieter – wie im Fall eines Mundschenks und eines Weinbergbesitzers.

Der erste Betrunkene der Menschheit

Noach entdeckt den Weinbau

Vom ersten Rausch, den je ein Mensch hatte, erzählt die Bibel bereits in ihren ersten Kapiteln. Und es ist sogar ein

besonders frommer Mensch, der von seinem Wein (aus eigenem Anbau!) mehr trinkt, als ihm gut tut. Noach, der auserwählte Gerechte, der mit seiner Familie als Einziger die vernichtende Sintflut überlebt hatte, spricht dem leckeren Rebensaft so sehr zu, dass er von tiefem Schlaf übermannt wird. Die Bibel erzählt davon wie von einem ganz normalen Vorgang und erhebt nicht den moralischen Zeigefinger.
Eigentlich geht es auch gar nicht um diesen Rausch an sich, sondern um das Verhalten der drei Söhne ihrem betrunkenen Vater gegenüber. Noach war nämlich nackt eingeschlafen und Nacktheit galt damals als Schande. Während nun der Sohn Ham nichts gegen die peinliche Situation seines Vaters unternimmt, zeigen seine zwei Brüder Sem und Jafet, was in diesem Fall Sohnespflicht ist: Sie decken den Vater zu.
Für die Bibel ist diese Geschichte wichtig, weil sie in dem Verhalten und Schicksal der drei Söhne das Geschick ganzer Völker sinnbildlich dargestellt sieht. So steht Sem für das Volk Israel, während hinter Ham die kanaanäischen Völker erkennbar sind, die Israel Platz machen müssen, als es das von Gott versprochene Land erobert. So gesehen, hat der Wein hier sogar ein Stück Weltgeschichte geschrieben! (1 Mose/Genesis 9,18-28)

Zusammen mit Noach waren seine Söhne Sem, Ham und Jafet aus der Arche gegangen. Ham war übrigens der Vater Kanaans. Die Nachkommen der drei Söhne

Noachs haben sich dann über die ganze Erde ausgebreitet.

Noach trieb Ackerbau. Er war der Erste, der einen Weinberg anlegte. Als er von dem Wein trank, wurde er betrunken, und in seinem Rausch lag er unbedeckt in seinem Zelt. Ham, der Vater Kanaans, sah es und ließ seinen Vater nackt daliegen, er ging sogar zu seinen Brüdern und erzählte es ihnen. Da nahmen Sem und Jafet eine Decke, legten sie über ihre Schultern, gingen rückwärts ins Zelt und deckten ihren Vater damit zu. Sie hielten dabei das Gesicht von ihm abgewandt, um ihn nicht nackt zu sehen.

Als Noach aus seinem Rausch erwachte und erfuhr, was sein Sohn Ham ihm angetan hatte, sagte er: »Fluch über Kanaan! Er wird seinen Brüdern dienen als der letzte ihrer Knechte. Gepriesen sei der Herr, der Gott Sems! Er mache Kanaan zu Sems Knecht! Gott schaffe Jafets Leuten weiten Wohnraum, bis mitten unter die Leute Sems. Er mache Kanaan zu Jafets Knecht!«

Nach der großen Flut lebte Noach noch 350 Jahre.

Rausch mit Berechnung

Lot und seine Töchter

In Krimis – man denke etwa an Hitchcocks »Der unsichtbare Dritte« – kommt es mitunter vor, dass Menschen gezielt betrunken gemacht werden, um sie außer Gefecht zu setzen. Auch das Alte Testament weiß von zwei Frauen

zu erzählen, die zu diesem Mittel greifen. Die betreffende Geschichte ist für den Geschmack moderner Leser(innen) allerdings ziemlich anstößig. Um sie richtig zu verstehen, muss man wissen, dass es für Frauen im Altertum von größter Bedeutung war, Kinder zu haben. Nur so konnten sie zu gesellschaftlicher Anerkennung finden.
Bei den beiden Frauen – ihre Namen erfahren wir nicht – handelt es sich um die Töchter Lots, der wiederum ein Neffe Abrahams war, des Stammvaters der Israeliten. Lot und seine Töchter hatten als Einzige Gottes Strafgericht über die Stadt Sodom überlebt und führten danach ein abgeschiedenes Leben, das es den Töchtern unmöglich machte, sich mit Männern zu vermählen und in geregelter Ehe Kinder zu bekommen. In ihrer Not halten sie nun sogar Inzest für das kleinere Übel gegenüber dauernder Kinderlosigkeit. Und so kommen sie mit Hilfe des moralisch fragwürdigen, in Hinblick auf das gewünschte Ergebnis aber erfolgreichen Einsatzes von Wein schließlich doch noch zu Kindern. (1 Mose/Genesis 19,30-38)

Lot hatte Angst, in Zoar zu bleiben. Deshalb ging er mit seinen beiden Töchtern ins Bergland hinauf und lebte dort mit ihnen in einer Höhle.
Eines Tages sagte die ältere Tochter zur jüngeren: »Unser Vater wird alt, und weit und breit gibt es keinen Mann, der uns heiraten könnte. Komm, wir geben unserem Vater Wein zu trinken und legen uns zu ihm, damit wir von ihm

Kinder bekommen!« Noch am selben Abend machten sie ihren Vater betrunken. Die Ältere ging in sein Zelt und legte sich zu ihm, und er merkte nichts, weder wie sie zu ihm kam noch wie sie von ihm aufstand.
Am anderen Tag sagte sie zu ihrer Schwester: »Ich habe heute Nacht mit unserem Vater geschlafen. Wir wollen ihm auch diesen Abend Wein zu trinken geben; dann legst *du* dich zu ihm, damit wir alle beide von ihm Kinder bekommen.« Am Abend machten sie ihren Vater wieder betrunken. Die Jüngere ging in sein Zelt und legte sich zu ihm, und er merkte nichts, weder wie sie zu ihm kam noch wie sie von ihm aufstand.
So wurden die beiden Töchter Lots von ihrem eigenen Vater schwanger. Die Ältere gebar einen Sohn und gab ihm den Namen Moab. Er wurde der Stammvater der Moabiter. Auch die Jüngere bekam einen Sohn und nannte ihn Ben-Ammi. Er wurde der Stammvater der Ammoniter.

Ein Weinfachmann in Nöten
Der Traum des Mundschenks

Wer heute durch eine gut sortierte Weinhandlung geht, findet Tropfen aus Deutschland, Frankreich, Italien, Spanien, Chile, Kalifornien, Australien usw. Wein wird auf der ganzen Welt angebaut. Auch zur Zeit des Alten Testaments hatten nicht nur die Israeliten, sondern beispielsweise auch die Ägypter diese Kunst entdeckt.

Nach Ägypten hatte es Josef, einen Urenkel Abrahams, verschlagen. Der Flüchtling stieg dort binnen kurzer Zeit zu hohen Ehren auf, fand sich dann aber aufgrund einer Intrige im Gefängnis wieder. Hier macht er die Bekanntschaft zweier hoher Beamter vom Hofe des Pharaos. Neben dem obersten Bäcker des Hofes ist auch der oberste Mundschenk inhaftiert – gewissermaßen der Aufseher über die Staatsweingüter Ägyptens. Warum ihr Herr auf sie zornig ist, erfahren wir nicht. Haben sie ihm versehentlich verdorbene Speisen und korkenden Wein serviert? Wie auch immer – lesen Sie selbst, wie es mit den drei Häftlingen weitergeht. (1 Mose/Genesis 39,20b–40,23)

Josef war nun also im Gefängnis. Aber der Herr in seiner Treue stand ihm bei. Er verschaffte ihm die Gunst des Gefängnisverwalters. Der Verwalter übertrug Josef die Aufsicht über alle anderen Gefangenen, und alle Arbeiten im Gefängnis geschahen unter Josefs Leitung. Der Verwalter vertraute ihm völlig und gab ihm freie Hand; denn er sah, dass der Herr ihm beistand und alles gelingen ließ, was er tat.

Bald danach ließen sich zwei höhere Beamte des Pharaos etwas gegen den Pharao zuschulden kommen, der oberste Mundschenk und der oberste Bäcker. Ihr Herr, der Pharao, wurde zornig auf sie und ließ sie im Haus des Befehlshabers seiner Leibwache in Haft halten, in dem Gefängnis, in dem auch Josef war. Der Befehlshaber der Leibwache teilte ihnen Josef als Diener zu.

Nach einiger Zeit hatte jeder der beiden in der Nacht einen Traum, der für ihn von Bedeutung war. Als Josef am Morgen bei ihnen eintrat, sah er gleich, dass sie in schlechter Stimmung waren. »Warum lasst ihr heute den Kopf hängen?«, fragte er sie.

»Wir haben geträumt«, antworteten sie, »und hier im Gefängnis haben wir keinen Traumdeuter, der uns sagen kann, was es bedeutet.«

Josef sagte: »Träume zu deuten ist Gottes Sache. Erzählt mir doch einmal, was ihr geträumt habt!«

Zuerst erzählte der oberste Mundschenk seinen Traum: »Ich sah vor mir einen Weinstock, und an dem Weinstock waren drei Ranken. Der Saft stieg in die Knospen, sie blühten auf, und schon reiften die Trauben. Ich hatte den Becher des Pharaos in der Hand. Ich nahm die Trauben, presste sie über dem Becher aus und reichte den Becher dem Pharao.«

Josef sagte: »Hier ist die Deutung: Die drei Ranken sind drei Tage. Heute in drei Tagen wird der Pharao dich erhöhen und dich wieder in dein Amt einsetzen. Dann wirst du wieder wie früher sein Mundschenk sein und ihm den Becher reichen.

Aber vergiss mich nicht, wenn es dir gut geht! Tu mir den Gefallen und empfiehl mich dem Pharao! Bring mich aus diesem Kerker heraus! Man hat mich aus dem Land der Hebräer entführt, und auch hier in Ägypten habe ich nichts Unrechtes getan. Ich bin ohne jede Schuld in diesem Loch.«

Als der oberste Bäcker sah, dass Josef dem Traum eine günstige Deutung gegeben hatte, sagte er: »Auch ich hatte einen Traum, in dem ich selber vorkam! Auf dem Kopf trug ich drei Körbe mit Gebäck, einen über dem andern. Im obersten lagen Backwaren für die Tafel des Pharaos. Da kamen Vögel und fraßen den Korb leer.«
Josef sagte: »Hier ist die Deutung: Die drei Körbe sind drei Tage. Heute in drei Tagen wird der Pharao dich erhöhen und an einen Baum hängen. Dann werden die Vögel dein Fleisch fressen.«
Drei Tage später feierte der Pharao seinen Geburtstag. Er lud alle seine Hofbeamten zu einem Festmahl ein. Da erhöhte er den obersten Mundschenk und den obersten Bäcker vor ihnen allen: Den einen setzte er wieder in sein Amt ein und er durfte ihm den Becher reichen, den andern ließ er hängen, genau wie Josef es vorausgesagt hatte.
Aber der oberste Mundschenk dachte nicht an Josef; er hatte ihn schon vergessen.

Auf Leben und Tod
Nabots Weinberg

In der folgenden Geschichte ist ein Weinberg Anlass für ein grausames Verbrechen. Ein unbescholtener Bürger Israels wird zum Objekt einer Verschwörung, die er schließlich mit seinem Leben bezahlen muss. Sein Name ist Nabot. Er besitzt einen schönen Weinberg in einer

kleinen Stadt namens Jesreel im Herzen des Staates Israel. Das ist soweit nichts Besonderes; außergewöhnlich ist aber die Nachbarschaft: Sein Weinberg grenzt an das Grundstück, auf dem die Winterresidenz von König Ahab liegt. Eigentlich eine gute Nachbarschaft, möchte man meinen, doch gerade sie wird Nabot zum Verhängnis. Ahab würde Nabots Weinberg nämlich nur zu gerne seinem Besitz einverleiben. Nabot will aber nicht verkaufen – als frommer Israelit weiß er, dass der Grund und Boden, den er von seinen Vorfahren geerbt hat, ihm letztlich von Gott selbst geschenkt wurde und sein eigener kleiner Anteil an dem Land ist, das Gott den Israeliten zugesagt hatte. Und dieses Land verkauft man nicht!
Aber Ahab ist nicht zimperlich. Unter dem Einfluss seiner skrupellosen Frau Isebel – einer Intrigantin, wie sie im Buche steht – findet er schließlich doch noch einen Weg, um an Nabots Besitz zu gelangen – ohne Rücksicht auf Verluste. Viel Freude hat er an seiner neuen Besitzung dann jedoch nicht. Aus dem Mund des Propheten Elija kündigt Gott ihm für diese und andere Untaten eine furchtbare Strafe an. (1 Könige 21,1b-21.23-25.27-29)

König Ahab von Samaria hatte in der Stadt Jesreel einen Palast. Unmittelbar daneben lag ein Weinberg, der einem Einwohner der Stadt namens Nabot gehörte. Eines Tages sagte der König zu Nabot: »Überlass mir deinen Weinberg! Er grenzt direkt an meinen Palast und wäre gerade der rechte Platz für einen Gemüsegarten. Ich gebe dir dafür einen besseren, oder wenn es dir lieber ist, bezahle ich ihn dir in gutem Geld.«

Aber Nabot erwiderte: »Der HERR bewahre mich davor, dass ich dir den Erbbesitz meiner Vorfahren gebe!«

Der König war verstimmt und zornig, weil Nabot ihm eine solche Antwort gegeben hatte. Er ging in den Palast, legte sich auf sein Bett und drehte sich zur Wand; er rührte keinen Bissen an. Seine Frau Isebel ging zu ihm hinein und fragte: »Warum bist du so verstimmt? Warum isst du nichts?«

Ahab antwortete: »Mehr als einmal habe ich Nabot aus Jesreel zugeredet und gesagt: ›Gib mir deinen Weinberg! Ich bezahle ihn dir, oder wenn es dir lieber ist, gebe ich dir einen andern dafür.‹ Aber er bleibt dabei: ›Meinen Weinberg bekommst du nicht!‹«

Da sagte seine Frau Isebel zu ihm: »Bist nicht *du* der König im Land? Steh auf, sei wieder vergnügt und lass es dir schmecken! Ich werde dir Nabots Weinberg schon verschaffen.«

Sie schrieb im Namen Ahabs an die Ältesten und die einflussreichen Männer in Jesreel, Nabots Mitbürger, und versah die Briefe mit dem königlichen Siegel. Die Briefe lauteten: »Ruft einen Bußtag aus! Lasst die Bewohner der Stadt zusammenkommen und gebt Nabot einen der vordersten Plätze. Setzt ihm zwei gewissenlose Männer gegenüber, die als Zeugen gegen ihn auftreten und sagen: ›Du hast Gott und dem König geflucht!‹ Dann führt ihn vor die Stadt hinaus und steinigt ihn.«

Die Ältesten der Stadt und die einflussreichen Männer, Nabots Mitbürger, machten alles genau so, wie Isebel es in ihren Briefen verlangt hatte. Sie riefen die Bürger der Stadt zu einer Bußfeier zusammen und ließen Nabot ganz vorne sitzen. Ihm gegenüber saßen die beiden Schurken. Sie standen als Zeugen gegen Nabot auf und erklärten: »Nabot hat Gott und dem König geflucht!« Nabot wurde vor die Stadt hinausgeführt und gesteinigt. Dann ließen die Ältesten der Stadt Isebel melden: »Nabot ist tot, man hat ihn gesteinigt.«

Als Isebel die Nachricht erhielt, sagte sie zu Ahab: »Auf, nimm den Weinberg in Besitz! Dieser Nabot aus Jesreel, der sich geweigert hat, ihn dir zu verkaufen – er lebt nicht mehr, er ist tot!«

Als Ahab hörte, dass Nabot tot war, ging er sofort hinunter, um Nabots Weinberg in Besitz zu nehmen.

Da erging das Wort des Herrn an den Propheten Elija aus Tischbe. Der Herr sagte zu ihm: »Auf, geh zu Ahab, dem König von Israel, der in Samaria regiert! Er ist gerade in den Weinberg Nabots hinuntergegangen, um ihn in Besitz zu nehmen. Sage zu ihm: ›Erst mordest du und dann raubst du! So spricht der Herr: Wo die Hunde das Blut Nabots aufgeleckt haben, dort werden sie auch dein Blut auflecken.‹«

Als Ahab den Propheten kommen sah, rief er ihm entgegen: »Hast du mich gefunden, mein Feind?«

Elija erwiderte: »Ja, ich habe dich ertappt! Du hast dich dazu anstiften lassen, zu tun, was dem Herrn missfällt.

Darum lässt er dir sagen: ›Ich werde dich und deine Familie ins Unglück stürzen. Du selbst musst sterben, und alle deine männlichen Nachkommen werde ich ausrotten, die mündigen wie die unmündigen.‹ Der Königin Isebel aber lässt der HERR sagen: An der Stadtmauer von Jesreel werden die Hunde ihren Leichnam fressen. Wer von deiner Familie in der Stadt stirbt, den fressen die Hunde, und wer auf dem freien Feld stirbt, den fressen die Geier.«

In der Tat gab es keinen, der so bereitwillig wie Ahab tat, was dem HERRN missfällt. Seine Frau Isebel hatte ihn dazu verleitet.

Als Elija zu Ende gesprochen hatte, zerriss Ahab vor Entsetzen sein Gewand. Er zog den Sack an, trug ihn auf der bloßen Haut und legte ihn selbst zum Schlafen nicht ab. Bedrückt ging er umher und wollte kein Essen anrühren.

Da erging das Wort des HERRN an den Propheten Elija, er sagte: »Hast du bemerkt, dass Ahab sich vor mir gebeugt hat? Weil er das getan hat, lasse ich das Unheil noch nicht zu seinen Lebzeiten über seine Familie hereinbrechen, sondern erst wenn sein Sohn König ist.«

Trinkgelage mit Folgen

Belschazzar

Es ist schon erstaunlich, welche Wirkungen ein allzu großzügiger Genuss von Wein haben kann. Er versetzt Menschen in unterschiedlichste Stimmungen: Manche wer-

den tiefsinnig und versonnen, andere übermütig oder gar tollkühn. Letzteres ist vorzugsweise dann der Fall, wenn sich ganze Gruppen betrinken und man meint, sich besonders hervortun zu müssen. Das passiert nicht nur halbstarken Jugendlichen, sondern bisweilen auch gestandenen Männern, von denen man annehmen sollte, sie hätten so etwas gar nicht nötig.
Die Bibel erzählt von einem solchen Fall am babylonischen Königshof. Die Babylonier hatten das Volk Israel einige Jahre zuvor unterworfen und dabei auch die heiligen Gerätschaften und Gefäße aus dem Tempel in Jerusalem nach Babylon verbracht. König Belschazzar kommt bei einem großen Gelage mit einflussreichen Männern auf die Idee, aus diesen Gefäßen Wein zu trinken. Jeder fromme Jude musste das als ein schreckliches Sakrileg empfinden, als gezielte Verunglimpfung seines Gottes. Freilich sorgt Gott umgehend dafür, dass das, was als pikante Überraschung für die Partygäste gedacht war, in blankem Entsetzen endet und dass Belschazzar rasch wieder vollständig nüchtern wird: Auf geheimnisvolle Weise kündigt er dem König die Konsequenzen seiner Untat an. (Daniel 5,1–6,1)

König Belschazzar hatte die tausend mächtigsten Männer seines Reiches zu einem Gastmahl geladen. Er trank mit ihnen Wein, und als er in Stimmung kam, befahl er, die goldenen und silbernen Gefäße herbeizubringen, die sein Vater Nebukadnezzar aus dem Tempel in

Jerusalem geraubt hatte. Er wollte mit den geladenen Männern und seinen Frauen und Nebenfrauen daraus trinken. Die geraubten Gefäße wurden gebracht und alle tranken daraus Wein. Dabei priesen sie die Götter aus Gold, Silber, Bronze, Eisen, Holz und Stein.
Plötzlich wurde eine Hand sichtbar, die etwas auf die gekalkte Wand des Königspalastes schrieb. Es war genau an der Stelle, auf die das volle Licht des Leuchters fiel. Als der König die schreibende Hand sah, wurde er bleich und seine Gedanken erschreckten ihn so sehr, dass ihn alle Kraft verließ und seine Knie zitterten. Er rief laut, man solle die Weisen Babylons, die Wahrsager, Magier und Sterndeuter holen. Als sie kamen, sagte er: »Wer die Schrift an der Wand lesen und erklären kann, was sie bedeutet, wird in Purpur gekleidet und bekommt eine goldene Ehrenkette um den Hals. Er wird der drittmächtigste Mann in meinem Reich!« Alle Weisen des Königs traten vor, aber sie konnten das Geschriebene nicht lesen und erst recht nicht seinen Sinn deuten. Da erschrak König Belschazzar noch mehr und er wurde noch bleicher. Auch die geladenen Männer waren ratlos.
Die Mutter des Königs hatte von draußen alles mitgehört, was der König und seine Gäste gesagt hatten. Sie kam herein und sagte zu ihrem Sohn: »Der König möge ewig leben! Du brauchst nicht zu erschrecken, du musst nicht so bleich werden! Es gibt in deinem Reich einen Mann, der vom Geist der heiligen Götter erfüllt ist. Zur Zeit deines Vaters Nebukadnezzar zeigte sich, dass in ihm so viel Erleuchtung

und Einsicht und Weisheit sind, wie sie sonst nur die Götter haben. Dein Vater machte ihn zum ersten seiner Ratgeber, der Weisen, Wahrsager, Magier und Sterndeuter. Er heißt Daniel, dein Vater gab ihm den Namen Beltschazzar. Er ist ungewöhnlich klug und kann Träume deuten, Rätsel lösen und die geheimnisvollsten Dinge erklären. Lass ihn rufen! Er wird dir sagen, was die Schrift bedeutet.«

Sofort wurde Daniel herbeigeholt und der König sagte: »Du bist also Daniel, einer von den Leuten, die mein Vater aus Juda hierher gebracht hat? Ich habe gehört, dass du vom Geist der Götter erfüllt und mit ungewöhnlicher Weisheit und Einsicht begabt bist. Ich habe meine Weisen und Wahrsager holen lassen, damit sie diese Schrift lesen und mir ihren Sinn deuten; aber sie können es nicht. Über dich aber habe ich gehört, dass du die schwierigsten Fragen lösen und die verborgensten Geheimnisse enthüllen kannst. Wenn das wahr ist und du mir diese Schrift vorlesen und deuten kannst, wirst du in Purpur gekleidet und bekommst eine goldene Ehrenkette. Ich mache dich zum drittmächtigsten Mann in meinem Reich.«

Daniel antwortete dem König: »Deine Geschenke kannst du behalten oder einem anderen geben. Aber ich werde dir die Schrift vorlesen und dir sagen, was sie bedeutet. Mein König, der höchste Gott hatte deinen Vater Nebukadnezzar zu einem mächtigen Herrscher gemacht und ihm Ehre und Ruhm gegeben. Deshalb zitterten die Menschen aller Nationen, Völker und Sprachen vor ihm. Er konnte töten und am Leben lassen, wen er wollte. Er gewährte und entzog seine Gunst, ganz wie es ihm gefiel. Als er aber stolz und hochmütig wurde, kam er um Thron und Herrscherwürde. Statt seines menschlichen Verstandes wurde ihm der Verstand eines Tieres gegeben und er wurde aus der Gemeinschaft der Menschen ausgestoßen. Er musste bei den Wildeseln leben und Gras fressen wie ein Rind. Er schlief unbedeckt im Freien, sodass er nass wurde vom Tau. Das dauerte so lange, bis er einsah: Der höchste Gott allein ist Herr über alle Menschen und er gibt die Herrschaft, wem er will.

Du aber, sein Sohn Belschazzar, hast dies alles gewusst und hast dich trotzdem nicht vor Überheblichkeit gehütet. Du hast den höchsten Herrn herausgefordert und dir die heiligen Gefäße seines Tempels bringen lassen, du hast mit deinen führenden Männern, deinen Frauen und Nebenfrauen daraus Wein getrunken und die Götzen aus Gold, Silber, Bronze, Eisen, Holz und Stein gepriesen, die weder sehen noch hören können und auch keinen Verstand haben. Dem Gott aber, der dein Leben in der Hand hat und dein ganzes Schicksal bestimmt, hast du die Ehre verweigert.

Deshalb hat er diese Hand geschickt und die Schrift an die Wand schreiben lassen. Was da geschrieben steht, lautet: ›Mene mene tekel u-parsin.‹ Das bedeutet: *Gezählt* hat Gott die Tage deiner Herrschaft – und ihr ein Ende gemacht. *Gewogen* hat er dich – und dich zu leicht gefunden. *Zerteilt* hat er dein Reich und es den Medern und Persern gegeben.«

Belschazzar befahl, Daniel in Purpur zu kleiden und ihm eine goldene Halskette umzulegen, und erklärte ihn zum drittmächtigsten Mann in seinem Reich. Noch in derselben Nacht aber wurde Belschazzar, der König der Babylonier, umgebracht und der Meder Darius übernahm die Herrschaft. Darius war damals 62 Jahre alt.

Schäferstündchen mit tödlichem Ausgang
Judit und Holofernes

Die folgende Geschichte ist nichts für zarte Gemüter. An ihrem Ende steht die Enthauptung eines mächtigen Mannes durch eine schöne Frau. Um ihr Ziel zu erreichen, setzt diese vor allem ihren scharfen Verstand und ihre makellose Schönheit ein. Doch auch die einschläfernde Wirkung maßlosen Weinkonsums kommt ihr zugute.
Zu jener Zeit befanden sich die Israeliten in einer schwierigen Lage. Sie hatten den Zorn des mächtigen Assyrerkönigs auf sich gezogen. Dieser hatte seinen Feldherrn Holofernes nach Juda geschickt, um die Israeliten zu bestrafen. Doch Judit, eine fromme Frau aus der kleinen Stadt Betulia, wird ihm zum Verhängnis. Gehüllt in verführerische Gewänder, gelingt es ihr, sich Zutritt zum Lager von Holofernes zu verschaffen. Scheinbar bereit, ihm zu Willen zu sein, kommt sie abends in sein Zelt, wo er mit einigen Vertrauten ein Trinkgelage veranstaltet. Zu

vorgerückter Stunde ziehen sich die Kumpanen von Holofernes diskret zurück, um dem vermeintlichen Glück des Feldherrn nicht im Weg zu stehen. Doch es kommt ganz anders. In seiner Vorfreude trinkt Holofernes einen Becher nach dem anderen, bis er schließlich völlig berauscht die Kontrolle über sich verliert und von Müdigkeit übermannt wird – von einer Müdigkeit, die für ihn tödlich sein wird. (Judit 12,10–13,11)

Holofernes veranstaltete ein Trinkgelage im engsten Kreis seiner Vertrauten. Von den Männern, die sonst bei seinen Gelagen dabei waren, durfte keiner teilnehmen. Dem Eunuchen Bagoas, der mit den persönlichen Angelegenheiten des Feldherrn betraut war, sagte er: »Geh zu der hebräischen Frau, für deren Wohlergehen ich dich verantwortlich gemacht habe. Überrede sie, zu uns zu kommen und mit uns zu essen und zu trinken. Es wäre ja eine Schande für uns, wenn wir ein solches Prachtweib laufen ließen, ohne mit ihr zusammen gewesen zu sein. Wenn wir sie uns nicht nehmen, lacht sie uns noch aus!«
Also ging Bagoas zu Judit und sagte zu ihr: »Schönes Mädchen, komm mit hinüber zu meinem Herrn, zögere nicht! Es ist eine große Ehre für dich! Du sollst heute mit uns trinken und fröhlich sein und den Assyrerinnen gleich werden, die im Palast Nebukadnezzars leben und ihm zu Dienst stehen!«
Judit antwortete: »Wie könnte ich meinem Herrn etwas ausschlagen? Ich bin bereit und tue alles, was er sich

wünscht. Die Erinnerung an diese Nacht wird mich mit Jubel erfüllen bis zum Tag meines Todes.«

Judit stand auf und legte ihr Festkleid und ihren ganzen Schmuck an. Ihre Dienerin ging voraus ins Zelt des Feldherrn und breitete Holofernes gegenüber die Teppiche auf den Boden, die Judit von Bagoas erhalten hatte und auf denen sie ihre Mahlzeiten zu sich nahm. Dann ging Judit hinein und nahm auf ihnen Platz.

Holofernes' Herz schlug schneller bei ihrem Anblick; sein ganzes Inneres geriet in Aufruhr und er war gierig danach, sie zu besitzen. Seit dem Tag, an dem er sie zum ersten Mal sah, hatte er nur auf eine Gelegenheit gewartet, sie verführen zu können.

»Komm, trink mit uns, damit du fröhlich wirst!«, sagte er zu ihr und Judit antwortete: »Ja, Herr, trinken will ich; denn noch nie in meinem Leben bin ich so geehrt worden wie heute!« Sie griff zu und aß und trank unter Holofernes' Augen, was ihre Dienerin ihr zubereitet hatte. Holofernes aber kam durch Judits Anblick immer mehr in Stimmung und trank so viel Wein, wie er noch nie in seinem Leben an einem Tag getrunken hatte.

Zu vorgerückter Stunde beeilte sich die Dienerschaft des Feldherrn, das Zelt zu verlassen. Bagoas schloss es von außen, damit die Diener ihren Herrn nicht stören konnten. Alle gingen schlafen, müde von dem ausgedehnten Gelage. Judit allein blieb im Zelt bei Holofernes zurück. Er selbst lag völlig betrunken auf seinem Bett. Judit hatte ihrer Dienerin die Anweisung gegeben, vor dem Zelt zu warten, bis

sie herauskäme; denn sie wolle wie an jedem Morgen vor das Lager hinausgehen, um zu beten. Dasselbe hatte sie auch Bagoas gesagt.
Alle hatten sich also entfernt. Im Zelt waren nur Judit und Holofernes zurückgeblieben. Judit stand an Holofernes' Bett und betete still: »Herr, du Gott, dem alle Macht gehört! Blicke jetzt gnädig auf mich und gib deinen Segen zu dem, was meine Hände zur Rettung und Verherrlichung Jerusalems tun werden! Die Stunde ist da, dass du deinem Volk hilfst und ich meinen Plan ausführe. Die Feinde sollen vernichtet werden, die sich gegen uns erhoben haben!«
Dann ging sie zum Kopfende des Bettes, auf dem Holofernes lag, und nahm sein Schwert, das dort am Bettpfosten hing. Sie trat an ihn heran, fasste seinen Kopf bei den Haaren und sagte: »Herr, du Gott Israels, mach mich stark an diesem Tag!« Dann hieb sie zweimal zu, so fest sie konnte, und schlug Holofernes den Kopf ab. Sie wälzte seinen Körper vom Bett auf die Erde und riss das Mückennetz von den Stangen. Schnell verließ sie das Zelt und gab draußen den abgeschlagenen Kopf ihrer Dienerin. Die steckte ihn in ihren Proviantsack.
Darauf machten sich die beiden Frauen auf den Weg, als ob sie wieder zum Gebet gehen wollten. Sie durchquerten das assyrische Lager, mieden dann aber den Talgrund, den Judit sonst immer aufgesucht hatte, stiegen den Berg von Betulia hinauf und erreichten das Stadttor. Schon von weitem rief Judit den Wachen auf den Türmen zu: »Schnell! Macht das Tor auf! Gott ist bei uns, unser Gott steht uns bei!

Er zeigt immer noch seine Macht, mit der er sein Volk Israel rettet und die Feinde vernichtet. Das hat er heute bewiesen!«

Vom Festgelage in den Hinterhalt
Der Tod Simeons

Festliche Bankette gehören in der großen Politik zum Alltag. Treffen sich z. B. die Regierungschefs der Europäischen Union, dann ist es für den Gastgeber Ehrensache, seine Kollegen mit dem Besten zu bewirten, was Küche und Weinkeller des Landes zu bieten haben. Das war in der Antike ganz genauso. Aber anders als heute, wo es bei solchen Anlässen im Allgemeinen sehr gesittet – vielleicht sogar etwas steif – zugeht, kam es damals nicht selten zu regelrechten Gelagen, an deren Ende kaum noch jemand nüchtern war. Bei der folgenden Geschichte aus dem 2. Jahrhundert v. Chr. nutzt der Gastgeber diese Situation auf hinterlistige Weise aus.
Nach ihrer Rückkehr aus dem babylonischen Exil lebten die Juden damals zwar wieder in ihrem eigenen Land, sie mussten sich jedoch mit der Vorherrschaft wechselnder Großmächte arrangieren. Zuletzt setzten syrische Herrscher ihnen hart zu. Einigen frommen Juden, den sog. Makkabäern (benannt nach ihrem prominentesten Anführer Judas Makkaba, »der Hammer«), gelang es dann aber, eine weitgehende Selbständigkeit Israels zu erstrei-

ten. Der Makkabäer Simeon konnte sich sogar zum geistlichen und weltlichen Führer seines Volkes aufschwingen. Doch wie es so oft geschicht, rief er damit den Neid und die Missgunst anderer hervor. Sein eigener Schwiegersohn Ptolemäus schreckte nicht davor zurück, nicht nur ihn, sondern auch gleich zwei seiner leiblichen Söhne auszuschalten, um freie Bahn zur Regierungsübernahme zu haben. (1 Makkabäer 16,11-22)

Ptolemäus, der Sohn Abubs, war Befehlshaber in der Ebene von Jericho. Er besaß viel Silber und Gold; denn er war der Schwiegersohn des Obersten Priesters. Da wurde er stolz und wollte noch höher hinaus. Er beschloss, die Herrschaft über Judäa an sich zu bringen, und überlegte, wie er Simeon und seine Söhne heimtückisch aus dem Weg schaffen könnte.

Als Simeon die Städte in jenem Gebiet besuchte, um dort nach dem Rechten zu sehen, kam er im 177. Jahr der griechischen Herrschaft im elften Monat – das ist der Monat Schebat – auch nach Jericho. Seine Söhne Judas und Mattatias begleiteten ihn. Der Sohn Abubs empfing sie voller Hinterlist auf der kleinen Festung Dok, die er selbst hatte erbauen lassen, und veranstaltete für sie ein großes Trinkgelage. Zugleich hielt er dort bewaffnete Männer versteckt.

Als Simeon und seine Söhne betrunken waren, ließ Ptolemäus seine Helfershelfer aus ihrem Versteck. Bewaffnet drangen sie in den Speisesaal ein, fielen über Simeon her

und machten ihn und seine beiden Söhne und einige aus seinem Gefolge nieder. So beging Ptolemäus gemeinen Verrat und vergalt Gutes mit Bösem.
Ptolemäus schickte dem König einen Brief, gab ihm Bericht und bat darum, ihm Truppen zur Unterstützung zu schicken und ihm die Befehlsgewalt über das jüdische Land und seine Städte zu übertragen. Gleichzeitig schickte Ptolemäus Männer nach Geser, um Johanan umbringen zu lassen. An die Offiziere des jüdischen Heeres schickte er Briefe mit der Aufforderung, sich ihm anzuschließen; er stellte ihnen dafür Silber und Gold und andere Geschenke in Aussicht. Andere Männer schickte er nach Jerusalem, um die Stadt und den Tempelberg zu besetzen.
Es war jedoch schon ein Mann nach Geser vorausgeeilt und hatte Johanan gemeldet, dass man seinen Vater und seine Brüder umgebracht habe und Leute unterwegs seien, die auch ihn töten sollten. Johanan war von dieser Nachricht sehr erschüttert. Aber weil er gewarnt war, konnte er die Männer, die ihn töten sollten, gefangen nehmen und hinrichten lassen.

Wein als Zeichen für Wohlstand und Segen

Was macht das Leben lebenswert? Sind es vor allem die geistigen Werte, die hier zu nennen sind, wie z. B. Freundschaft oder Liebe? Sicher: Ohne sie kann ein Mensch zwar existieren, aber nicht »leben«, selbst wenn er den größten materiellen Überfluss hätte. Wer allerdings schon einmal wirklich Hunger gelitten hat, weiß auch, dass schon ein Stück Brot oder ein Glas Wasser zum Inbegriff des Erstrebenswerten werden können. Ohne sie kann man jedenfalls auch nicht leben.

Die Bibel weiß mehr als jedes andere Buch, dass man den Menschen nicht auf die Befriedigung seiner körperlichen Bedürfnisse reduzieren kann: Der Mensch lebt nicht vom Brot allein ... Die heute so verbreitete Konsumgier ist ihr nicht nur fremd, sondern würde von ihr entschieden zurückgewiesen.

Genauso fremd ist ihr aber auch jeder Spiritualismus, der das Materielle für unwichtig erklärt. Armut und Hunger sollen nicht sein. Gottes Segen kommt daher auch darin zum Ausdruck, dass es dem Menschen in umfassender Weise gut geht, dass er hat, was er zum Leben braucht – und sogar noch etwas mehr! Man könnte auch sagen: Der

Mensch soll nicht nur Wasser zu trinken haben, sondern auch Wein.

Korn und Wein in Fülle

Isaaks Segen

Was wünscht ein sterbender Vater seinen Kindern? Neben vielem anderen sicher auch dies, dass sie in ihrem Leben keinen materiellen Mangel leiden müssen, sondern immer genügend zu essen und zu trinken haben. In unserer Zeit des Wohlstandes scheint das fast eine Selbstverständlichkeit zu sein. Aber in früheren Zeiten, als eine einzige Missernte ganze Familien (oder sogar Völker) in Not stürzen konnte, hatte dieser Wunsch noch eine ganz andere, viel existenziellere Bedeutung.

Auch der hochbetagte Isaak wünscht sich für seinen Erben Wohlstand in einem umfassenden Sinn. Einem alten Brauch folgend, will er seinem erstgeborenen Sohn den Segen Gottes zusprechen, und dabei spielen auch »Korn und Wein in Fülle« eine wichtige Rolle. Denn der Segen Gottes betrifft nicht nur die Seele des Menschen, sondern muss in diesen äußeren Gaben des Schöpfers sozusagen greifbar werden. Allerdings zeigt die Geschichte auch, dass der Segen nicht immer dem zufällt, für den man ihn eingeplant hat ... (1 Mose/Genesis 27,1-40)

Isaak war alt geworden und konnte nicht mehr sehen. Da rief er eines Tages seinen älteren Sohn Esau zu sich und sagte: »Mein Sohn!«

»Ja, Vater?«, erwiderte Esau.

Isaak sagte: »Ich bin alt und weiß nicht, wie lange ich noch lebe. Deshalb nimm Pfeil und Bogen, jage ein Stück Wild und bereite mir ein leckeres Gericht, wie ich es gern habe. Ich will mich stärken, damit ich dich segnen kann, bevor ich sterbe.«

Rebekka hatte das Gespräch mit angehört. Als Esau gegangen war, um für seinen Vater das Wild zu jagen, sagte sie zu Jakob: »Ich habe gehört, wie dein Vater zu deinem Bruder Esau sagte: ›Jage mir ein Stück Wild und bereite mir ein leckeres Gericht! Ich will mich stärken und dich segnen, bevor ich sterbe.‹ Darum hör auf mich, mein Sohn, und tu, was ich dir sage: Hol mir von der Herde zwei schöne Ziegenböckchen! Ich werde daraus ein leckeres Gericht bereiten, wie es dein Vater gern hat. Das bringst du ihm dann, damit er dich vor seinem Tod segnet.«

»Aber Esaus Haut ist behaart und meine ist glatt«, erwiderte Jakob. »Wenn mich nun mein Vater betastet, merkt er den Betrug, und statt mich zu segnen, verflucht er mich.«

Doch seine Mutter beruhigte ihn: »Der Fluch soll auf mich fallen, mein Sohn! Tu, was ich dir gesagt habe, und bring mir die Böckchen!«

Jakob holte sie, und seine Mutter bereitete ein Gericht zu, wie sein Vater es gern hatte. Darauf holte Rebekka das Festgewand Esaus, ihres Älteren, das sie bei sich aufbewahrte, und zog es ihrem jüngeren Sohn Jakob an. Die Felle der Böckchen legte sie ihm um die Handgelenke und um den glatten Hals. Dann gab sie ihm das leckere Fleischgericht und dazu Brot, das sie frisch gebacken hatte.

Jakob ging zu Isaak ins Zelt und sagte: »Mein Vater!«

»Ja«, sagte Isaak; »welcher von meinen Söhnen bist du?«

»Esau, dein Erstgeborener«, antwortete Jakob. »Ich habe deinen Wunsch erfüllt. Setz dich auf und iss von meinem Wild, damit du mich segnen kannst.«

»Wie hast du so schnell etwas gefunden, mein Sohn?«, fragte Isaak.

Jakob erwiderte: »Der Herr, dein Gott, hat es mir über den Weg laufen lassen.«

»Tritt näher«, sagte Isaak, »ich will fühlen, ob du wirklich mein Sohn Esau bist.«

Jakob trat zu seinem Vater. Der betastete ihn und sagte: »Die Stimme ist Jakobs Stimme, aber die Hände sind Esaus Hände.« Er erkannte Jakob nicht, weil seine Hände behaart waren wie die seines Bruders. Darum wollte er ihn segnen. Aber noch einmal fragte Isaak: »Bist du wirklich mein Sohn Esau?«

Jakob antwortete: »Ja, der bin ich.«

»Dann bring mir das Gericht!«, sagte Isaak. »Ich will von dem Wild meines Sohnes essen und ihn dann segnen.«

Jakob gab ihm das Gericht und sein Vater aß, dann reichte er ihm Wein und er trank.

Darauf sagte Isaak: »Komm her, mein Sohn, und küsse mich!«

Jakob trat heran und küsste ihn. Isaak roch den Duft seiner Kleider, da sprach er das Segenswort:
»Mein Sohn, du duftest kräftig wie die Flur, wenn sie der HERR mit seinem Regen tränkt. Gott gebe dir den Tau vom Himmel und mache deine Felder fruchtbar, damit sie Korn und Wein in Fülle tragen! Nationen sollen sich vor dir verneigen, und Völker sollen deine Diener werden. Du wirst der Herrscher deiner Brüder sein, sie müssen sich in Ehrfurcht vor dir beugen. Wer dich verflucht, den soll das Unglück treffen; doch wer dir wohl will, soll gesegnet sein!«
So segnete Isaak seinen Sohn Jakob. Kaum aber war er damit fertig und kaum war Jakob aus dem Zelt gegangen, da kam auch schon sein Bruder Esau von der Jagd zurück. Auch er bereitete ein leckeres Gericht, brachte es zu seinem Vater und sagte: »Mein Vater, setz dich auf und iss von meinem Wild, damit du mich segnen kannst!«
»Wer bist denn *du*?«, fragte Isaak.
»Dein Sohn Esau, dein Erstgeborener«, war die Antwort.
Da begann Isaak vor Schreck heftig zu zittern. »Wer?«, rief er. »Wer war dann der, der soeben von mir ging? Er hat ein Wild gejagt und es mir gebracht, und ich habe davon gegessen, bevor du kamst. Ich habe ihn gesegnet und kann es nicht mehr ändern – er wird gesegnet bleiben!«
Esau schrie laut auf, als er das hörte, voll Schmerz und Bitterkeit. »Vater«, rief er, »segne mich auch!«
Aber Isaak erwiderte: »Dein Bruder ist gekommen und hat dich mit List um deinen Segen gebracht.«

»Zu Recht trägt er den Namen Jakob«, sagte Esau. »Schon zum zweiten Mal hat er mich betrogen: Erst nahm er mir das Erstgeburtsrecht und jetzt auch noch den Segen. Hast du denn keinen Segen mehr für mich übrig?«
Isaak antwortete: »Ich habe ihn zum Herrscher über dich gemacht; alle seine Brüder müssen ihm dienen. Mit Korn und Wein habe ich ihn reichlich versehen. Was bleibt mir da noch für dich, mein Sohn?«
Esau sagte: »Hast du nur den *einen* Segen, Vater? Segne mich auch!« Und er begann laut zu weinen.
Da sagte Isaak: »Weit weg von guten Feldern wirst du wohnen, kein Tau vom Himmel wird dein Land befeuchten, ernähren musst du dich mit deinem Schwert! Du wirst der Sklave deines Bruders sein; doch eines Tages stehst du auf und wehrst dich und wirfst sein Joch von deinen Schultern ab!«

Riesentrauben im versprochenen Land

Die Erkundung des Landes Kanaan

Es gibt wohl kaum jemanden, der bei dem Begriff Schlaraffenland nicht zuerst an opulentes Essen denkt. Darüber, welche Speisen genau es dort zu essen gibt, kann man sicherlich streiten, fest dürfte aber stehen, dass es dort nicht nur Mineralwasser zu trinken gibt. Ein Schlaraffenland ohne eine große Auswahl an erlesenen Weinen ist wohl nicht vorstellbar!

Als die Israeliten einst nach ihrer langen Wanderung durch die Wüste an die Grenze des ihnen von Gott versprochenen Landes kamen, wussten sie noch nicht, wie das Leben in ihrer neuen Heimat aussehen würde. Ein Schlaraffenland erwarteten wohl die wenigsten, aber sie hofften doch, dass Gott ihnen ein fruchtbares Land schenken würde, in dem sie in Wohlstand würden leben können. Voller Vorfreude und Neugier schicken sie eine Gruppe von Kundschaftern voraus, die sich einen ersten Eindruck vom Land verschaffen sollen. Was diese dann zu sehen bekommen, würde noch heute das Herz jedes Winzers schneller schlagen lassen. (4 Mose/Numeri 13,1-27)

Der HERR sagte zu Mose: »Sende Leute aus, damit sie das Land Kanaan erkunden, das ich dem Volk Israel geben will. Nimm dazu aus jedem der zwölf Stämme einen der führenden Männer!«
Mose folgte dem Befehl des HERRN. Er wählte zwölf Männer aus, lauter Sippenälteste, und schickte sie von der Wüste Paran aus ins Land Kanaan. Es waren: aus dem Stamm Ruben: Schammua, der Sohn von Sakkur; aus dem Stamm Simeon: Schafat, der Sohn von Hori; aus dem Stamm Juda: Kaleb, der Sohn von Jefunne; aus dem Stamm Issachar: Jigal, der Sohn von Josef; aus dem Stamm Efraïm: Hoschea, der Sohn von Nun; aus dem Stamm Benjamin: Palti, der Sohn von Rafu; aus dem Stamm Sebulon: Gaddiël, der Sohn von Sodi; aus dem Stamm Manasse: Gaddi, der Sohn

von Susi; aus dem Stamm Dan: Ammiël, der Sohn von Gemalli; aus dem Stamm Ascher: Setur, der Sohn von Michael; aus dem Stamm Naftali: Nachbi, der Sohn von Wofsi; aus dem Stamm Gad: Gëuël, der Sohn von Machi.
Diese zwölf Männer schickte Mose aus, um das Land zu erkunden. Hoschea, dem Sohn Nuns, gab er den Namen Josua. Er sagte zu ihnen: »Geht zunächst durch das Steppengebiet und durchstreift dann das Bergland, das sich nordwärts anschließt. Seht euch Land und Leute genau an! Erkundet, wie viele Menschen dort wohnen und wie stark sie sind. Achtet darauf, ob ihre Städte befestigt sind oder nicht. Seht, ob ihr Land fruchtbar ist und ob es dort Wälder gibt. Habt keine Angst und bringt Proben von den Früchten des Landes mit.« Es war gerade die Jahreszeit, in der die ersten Trauben reif werden.
Die zwölf Männer machten sich auf den Weg und erkundeten das Land von der Wüste Zin bis hinauf nach Rehob bei Lebo-Hamat. Zunächst zogen sie durch das Südland und kamen dann nach Hebron. Dort wohnten Ahiman, Scheschai und Talmai, die Nachkommen Anaks. – Die Stadt Hebron war sieben Jahre früher gegründet worden als Zoan in Ägypten. – Als sie in das Traubental kamen, schnitten sie eine Weinranke mit einer Traube ab; die war so schwer, dass zwei von ihnen sie auf einer Stange tragen mussten. Auch Granatäpfel und Feigen nahmen sie mit. Das Tal bekam später den Namen Eschkol (Traubental) wegen der Traube, die die Kundschafter der Israeliten dort abgeschnitten hatten.

Nach vierzig Tagen hatten die zwölf Männer ihre Erkundung abgeschlossen und kehrten zu Mose und Aaron und der ganzen Gemeinde Israel nach Kadesch in der Wüste Paran zurück. Sie erzählten, was sie gesehen hatten, und zeigten die mitgebrachten Früchte vor. Sie berichteten Mose: »Wir haben das Land durchzogen, in das du uns geschickt hast, und wir haben alles genau angesehen. Es ist wirklich ein Land, das von Milch und Honig überfließt. Sieh hier seine Früchte!«

Bei Gott zu Tisch

Psalm 23

Der Proviant ist alle und die Sonne brennt vom Himmel. Der Schweiß läuft und das Verlangen nach einem Schluck Wasser wird schier unerträglich. Wer dann endlich sein Ziel erreicht und zu essen und vor allem zu trinken bekommt, fühlt sich wie im siebten Himmel.
In einem der bekanntesten Texte der Bibel, Psalm 23, erscheint Gott wie ein Gastgeber, der jeden, der zu ihm kommt, großzügig bewirtet: Der Tisch ist schon gedeckt, das Glas randvoll eingeschenkt – man braucht sich nur noch hinzusetzen und zuzugreifen. (Psalm 23)

Der Herr ist mein Hirt;
darum leide ich keine Not.
Er bringt mich auf saftige Weiden,

lässt mich ruhen am frischen Wasser
und gibt mir neue Kraft.
Auf sicheren Wegen leitet er mich,
dafür bürgt er mit seinem Namen.

Und muss ich auch durchs finstere Tal –
ich fürchte kein Unheil!
Du, Herr, bist ja bei mir;
du schützt mich und du führst mich,
das macht mir Mut.

Vor den Augen meiner Feinde
deckst du mir deinen Tisch;
festlich nimmst du mich bei dir auf
und füllst mir den Becher randvoll.

Deine Güte und Liebe umgeben mich
an jedem neuen Tag;
in deinem Haus darf ich nun bleiben
mein Leben lang.

Der Wein als Quelle der Freude
Psalm 104

Jedes Jahr zum Erntedankfest schmücken die Gemeinden die Altäre mit einer Fülle von Früchten und anderen Lebensmitteln. In den Weinbauregionen dürfen Weintrau-

ben dabei natürlich nicht fehlen. Mit dieser Gewohnheit bringen die Christen zum Ausdruck, dass das Wachsen und Gedeihen all dessen, was wir zum Leben brauchen, nicht einfach in unseren eigenen Händen liegt. Der tägliche Gang zum Supermarkt mit seinen stets gut gefüllten Regalen verleitet zwar zu dem Glauben, dass immer und jederzeit fast jedes Lebensmittel zur Verfügung steht. Doch wer – wie z. B. ein Weinbauer – noch in Tuchfühlung mit der Natur lebt und darauf angewiesen ist, dass zur rechten Zeit die Sonne scheint und es zur rechten Zeit regnet, der weiß, dass er eine erfolgreiche Ernte nicht nur seiner eigenen Arbeit verdankt, dass sie vielmehr ein Geschenk ist, an dem man mitarbeiten, das man sich aber nicht selbst erarbeiten kann.
Psalm 104 drückt den Dank für dieses Geschenk in zeitlosen Worten aus – und erwähnt dabei bezeichnenderweise nicht nur lebenswichtige Nahrungsmittel wie das Brot, sondern preist gerade auch den Wein. Das Brot mag den Menschen ernähren, doch der Wein ist eine »Quelle der Freude«. (Psalm 104,1a-b.10-18.27-30.35b)

Auf, mein Herz, preise den HERRN!
HERR, mein Gott, wie groß du bist!

Du lässt Quellen entspringen und zu Bächen werden;
zwischen den Bergen suchen sie ihren Weg.
Sie dienen den wilden Tieren als Tränke,
Wildesel löschen dort ihren Durst.

An den Ufern bauen die Vögel ihre Nester,
aus dichtem Laub ertönt ihr Gesang.
Vom Himmel schickst du den Regen auf die Berge
und gibst der Erde reichlich zu trinken.
Du lässt das Gras sprießen für das Vieh
und lässt die Pflanzen wachsen,
die der Mensch für sich anbaut,
damit die Erde ihm Nahrung gibt:
Der Wein macht ihn froh,
das Öl macht ihn schön,
das Brot macht ihn stark.

Auch die großen Bäume trinken sich satt,
die Libanonzedern, die du gepflanzt hast.
In ihren Zweigen nisten die Vögel,
hoch in den Wipfeln hausen die Störche.
Den Steinböcken gehören die hohen Berge,
in den Felsen finden die Klippdachse Zuflucht.

Alle deine Geschöpfe warten darauf,
dass du ihnen Nahrung gibst zur rechten Zeit.
Sie nehmen, was du ihnen ausstreust;
du öffnest deine Hand
und sie alle werden satt.
Doch wenn du dich abwendest,
sind sie verstört.
Wenn du den Lebenshauch zurücknimmst,
kommen sie um und werden zu Staub.

Schickst du aufs Neue deinen Atem,
so entsteht wieder Leben.
Du erneuerst das Gesicht der Erde.

Auf, mein Herz, preise den HERRN!
Preist alle den HERRN – Halleluja!

Wannen voller Most und Öl

Joëls Ankündigung der Heilszeit

Wer Wein anbaut, muss seine Rebstöcke vor unzähligen Schädlingen schützen: Die Reblaus sowie Mehltau und Grauschimmel sind vielleicht die bekanntesten. An Heuschrecken denkt dabei in unseren Breitengraden kaum jemand.
Das war im Alten Orient anders. Die bis zu sechs Zentimeter großen Tiere, die in Schwärmen von mehreren Millionen in ein Land einfallen konnten, vermochten ganze Landstriche von jedem Grün zu befreien und große Hungersnöte zu verursachen. Auch Weinstöcke waren vor ihnen nicht sicher.
Eine solche Plage bildet den Hintergrund des biblischen Buches Joël. Sie gilt hier nicht als Naturkatastrophe, sondern als Vorzeichen des großen Gerichtstages Gottes am Ende der Zeit. So wird sie zum Anlass, das Volk zur Umkehr zu Gott aufzurufen, weil nur so der Hungertod für Mensch und Tier noch abgewendet werden könnte.

In prophetischer Vorwegnahme dieser Umkehr und ihrer Folgen malt der Prophet dann die wunderbare Heilszeit aus, die Gott heraufführen wird, wenn er den »Feind aus dem Norden« (gemeint sind die Heuschreckenheere, mit ihnen aber auch alle anderen Mächte der Zerstörung) vernichtet hat: Das Land wird neu aufblühen, das Korn und die Feigen- und Olivenbäume werden prächtiger gedeihen als je zuvor – und ebenso die Weinstöcke. So ist in jedem Glas Wein, das wir trinken, bereits etwas von dieser großartigen Zukunft zu schmecken, die Gott für die Seinen bereithält. (Joël 2,18-27)

Da erwacht im Herrn die brennende Liebe für sein Land und das Erbarmen mit seinem Volk. Er antwortet ihnen: »Verlasst euch darauf: Ich gebe euch so viel Korn, Wein und Öl, dass ihr euch daran satt essen könnt. Ihr werdet den Völkern nicht mehr zum Spott dienen. Denn ich rette euch vor dem Feind aus dem Norden. Seine Vorhut treibe ich ins Tote Meer und seine Nachhut ins Mittelmeer; sein ganzes übriges Heer jage ich in die Wüste, wo es vernichtet wird. Die Leichen werden die Luft mit ihrem Gestank erfüllen. So bestrafe ich ihn für seine Prahlerei.«

Ihr Felder, habt keine Angst mehr, freut euch und jubelt! Der Herr hat Großes getan. Ihr Tiere auf freiem Feld, habt keine Angst mehr! Die Weiden in der Steppe sind wieder grün. Auch die Bäume tragen wieder Frucht; Feigenbaum und Weinstock bringen reichen Ertrag. Ihr Bewohner des

Zionsberges, freut euch und jubelt über den HERRN, euren Gott! Er erweist euch seine Güte und schickt euch Regen wie zuvor, Frühregen im Herbst und Spätregen im Frühjahr. Auf den Dreschplätzen häuft sich das Getreide und in der Kelter laufen die Wannen über von Most und Öl.
Der HERR sagt: »Ich habe mein großes Heer gegen euch geschickt. Aber jetzt ersetze ich euch die Ernten, die die Heuschreckenschwärme vernichtet haben. Ihr werdet euch richtig satt essen können. Dann werdet ihr mich, euren Gott, preisen, weil ich solche Wunder für euch getan habe. Nie mehr werden die anderen Völker über mein Volk spotten. Daran werdet ihr Leute von Israel erkennen, dass ich, der HERR, in eurer Mitte bin, dass ich euer Gott bin und sonst keiner. Nie mehr überlasse ich mein Volk der Schande.«

Edle Tropfen zur Krönungsfeier
Das Festmahl auf dem Zion

An der Krönung eines Königs (oder einer Königin) nimmt auch heute noch das ganze Volk regen Anteil. Das war im Altertum, als der König noch wirklich etwas zu sagen hatte, nicht anders: Man aß und trank, tanzte und feierte.
Der Prophet Jesaja kündigt die Inthronisation eines ganz besonderen Königs an: Er ist Herrscher nicht nur über ein einzelnes Volk, sondern über alle Völker der Welt. Gott selbst ist dieser König. Noch scheint seine Herrschaft

zwar von der Ungerechtigkeit in dieser Welt in Frage gestellt zu werden. Und besonders der Tod, der auch für die Glaubenden eine nicht zu überschreitende Grenze ist, gilt als erbitterter Feind des Gottes des Lebens. Doch es kommt der Tag, an dem Gott seine Herrschaft für jedermann sichtbar durchsetzen und auch den Tod für immer besiegen wird. Alle Menschen werden sich dann versammeln und ein wunderbares Mahl zusammen feiern, bei dem nur die erlesensten Weine auf den Tisch kommen. (Jesaja 25,6-9)

Hier auf dem Zionsberg wird es geschehen:
Der Herr, der Herrscher der Welt,
wird für alle Völker ein Festmahl geben
mit feinsten Speisen und besten Weinen,
mit kräftigen, köstlichen Speisen
und alten, geläuterten Weinen.
Hier wird er den Trauerflor zerreißen,
der allen Völkern das Gesicht verhüllt;
er wird das Leichentuch entfernen,
das über den Nationen liegt.
Den Tod wird er für immer vernichten
und von jedem Gesicht die Tränen abwischen.
Dann nimmt er die Schande von seinem Volk,
unter der es überall gelitten hat.
Der Herr, der mächtige Gott, hat es versprochen!
An jenem Tag wird man sagen:
»Er, der Herr, ist unser Gott!

Auf ihn hatten wir unsere Hoffnung gesetzt
und er hat uns die Rettung gebracht;
wir haben nicht vergeblich gehofft.
Nun können wir voll Freude singen,
weil er unser Retter ist!«

Die biblische Kultur der Gastmähler und Feiern

Könige, die tanzen, einfache Menschen, die fast verschwenderisch gastfreundlich sind, ein Volk, das eine ganze Woche lang feiert – die Bibel fordert ihre Leser nicht zu Askese und Enthaltsamkeit auf, sondern erzählt von Menschen, die zu feiern wissen. Miesepetrige Tristesse, wie man sie frommen Leuten gerne unterstellt, ist für sie kein erstrebenswertes Ideal. Zum einen schlägt hier natürlich die orientalische Gastfreundschaft durch, die bei jedem Besuch sogleich zu einem Festmahl führt. Zum anderen aber feiern die Menschen der Bibel – viel grundsätzlicher – das Leben! Und sie feiern Gott, der das Leben in seiner ganzen Fülle schenkt.

Doch freilich: Feier ist nicht gleich Feier. Manchmal ist die Stimmung nur deswegen so ausgelassen, weil sich die Mehrheit auf Kosten Einzelner amüsiert. So steht am Ende dieses Kapitels ein Extremfall, der sogar mit einem Mord endet.

Geheimnisvolle Gäste
Gott bei Abraham in Mamre

Überraschungsgäste sind uns nicht immer willkommen. Lieber möchte man sich auf einen Abend im Kreis von Freunden vorher einstellen. Man will die Wohnung doch zumindest notdürftig aufräumen, aus dem Weinkeller einen guten Tropfen holen und vielleicht ein leckeres Essen kochen. Stehen jedoch plötzlich unangemeldete Gäste vor der Tür, dann wird die Gastfreundschaft auf eine harte Probe gestellt.
Und doch können gerade solche Begegnungen den Horizont besonders erweitern. Das ist zumindest die Erfahrung von Abraham und seiner Frau Sara. Das kinderlose Paar war in die Jahre gekommen und hatte die große Hoffnung auf einen Nachkommen wohl bereits begraben. Eines Tages nun stehen drei fremde Männer vor der Tür und Abraham zögert nicht, sie zum Bleiben einzuladen, ja geradezu zu nötigen. Nach dem gemeinsamen Essen überraschen sie ihn und Sara mit einer kaum zu glaubenden Ankündigung: Ihr Kinderwunsch soll doch noch in Erfüllung gehen. Dass besonders Sara diesen Worten zunächst keinen Glauben zu schenken vermag, ist nur zu verständlich. Doch aus ihrem spöttischen Lachen über die Botschaft wird schließlich herzliche Freude über Gott, der den beiden Alten in jenen Männern begegnete und auf dessen Verheißung Verlass ist. (1 Mose/Genesis 18,1-15; 21,1-8)

Abraham wohnte bei den Eichen von Mamre. Dort erschien ihm der Herr.
Abraham saß gerade in der Mittagshitze am Eingang seines Zeltes. Als er aufblickte, sah er wenige Schritte vor sich drei Männer stehen. Sofort sprang er auf, warf sich vor ihnen nieder und sagte: »Mein Herr, wenn ich Gnade vor dir gefunden habe, dann geh nicht hier vorüber. Ich stehe dir zu Diensten! Man wird euch sogleich Wasser bringen. Ihr könnt euch die Füße waschen und es euch unter dem Baum bequem machen. Ich will inzwischen eine kleine Erfrischung holen, damit ihr euch stärken und dann euren Weg fortsetzen könnt. Wozu sonst seid ihr bei eurem Diener vorbeigekommen?«
»Es ist gut«, sagten die Männer. »Tu, was du vorhast!«
Abraham lief sogleich ins Zelt und sagte zu Sara: »Schnell, nimm drei Backschüsseln von deinem feinsten Mehl, mach einen Teig und backe Fladenbrot!« Dann lief er zum Vieh, suchte ein schönes, gesundes Kalb aus und befahl dem Knecht, es zuzubereiten. Er holte süße und saure Milch, nahm das gekochte Fleisch und trug alles hinaus unter den Baum. Mit eigener Hand bediente er seine Gäste und stand dabei, während sie aßen.
Nach dem Mahl fragten die Männer Abraham: »Wo ist deine Frau Sara?«
»Drinnen im Zelt«, antwortete er.
Da sagte der Herr: »Nächstes Jahr um diese Zeit komme ich wieder zu dir, dann wird deine Frau einen Sohn haben.«
Sara stand im Rücken Abrahams am Zelteingang und

horchte. Die beiden waren damals schon alt, und Sara war schon lange über die Wechseljahre hinaus. Sie lachte in sich hinein und dachte: »Jetzt, wo ich alt und verwelkt bin, soll ich noch ein Kind empfangen? Und mein Mann ist auch viel zu alt!«

Da sagte der HERR zu Abraham: »Warum hat Sara gelacht? Warum zweifelt sie daran, dass sie noch ein Kind gebären wird? Ist für den HERRN irgendetwas unmöglich? Nächstes Jahr um die verabredete Zeit komme ich wieder, dann hat Sara einen Sohn.«

»Ich habe doch nicht gelacht«, leugnete Sara. Sie hatte Angst bekommen. Aber der HERR sagte: »Doch, du hast gelacht!«

Der HERR dachte an Sara und tat an ihr, was er angekündigt hatte. Sie wurde schwanger und gebar Abraham noch in seinem Alter einen Sohn. Es war genau zu der Zeit, die Gott angegeben hatte. Abraham nannte den Sohn, den Sara ihm geboren hatte, Isaak. Als Isaak acht Tage alt war, beschnitt er ihn, genau wie Gott es angeordnet hatte.

Abraham war bei Isaaks Geburt 100 Jahre alt. Sara aber sagte: »Gott hat dafür gesorgt, dass ich lachen kann. Alle, die davon hören, werden mit mir lachen. Noch nie hat Abraham es erlebt, dass ihm einer die Nachricht brachte: ›Deine Frau Sara stillt ein Kind.‹ Aber jetzt in seinem Alter habe ich ihm noch einen Sohn geboren!«

Isaak wuchs und gedieh. Als er von der Mutterbrust entwöhnt wurde, feierte Abraham mit seinen Leuten ein großes Fest.

Aufbruch in ein neues Leben
Das Fest der Befreiung

Eine schlimme Hungersnot ließ die Nachkommen Abrahams nach Ägypten fliehen. Dort hatten sie es anfangs recht gut. Doch als ein neuer Pharao den Thron bestieg, verschlechterte sich ihre Situation rasch und aus den gerne geduldeten Asylanten wurden rücksichtslos ausgebeutete Sklaven. Selbst eine Reihe furchtbarer Plagen, die der Gott Israels über Ägypten kommen ließ, konnte den Pharao zunächst nicht dazu bewegen, die Israeliten freizugeben und sie aus seinem Land ziehen zu lassen. Da kündigte Mose dem Pharao in Gottes Namen eine letzte, furchtbare Plage an: Gott wird alle erstgeborenen Söhne der Ägypter töten.
Am Abend dieses Tages – noch hat Gott seine Ankündigung nicht wahr gemacht – feiern die Israeliten auf Gottes Geheiß hin ein eigenartiges Fest: Gleichsam auf gepackten Koffern sollen sie in großer Eile eine Mahlzeit zu sich nehmen, die aus einem Lamm sowie ungesäuertem Brot besteht. Diese nicht sehr opulente Mahlzeit wurde zum Ursprung des Passafestes, das bis heute jährlich von Juden in aller Welt gefeiert wird. Immer wieder rufen sie sich damit jenen Abend in Erinnerung, an dem sie – voller Vorfreude und Ungewissheit zugleich – in ein neues Leben aufbrachen. So ist das Passafest zu einem Fest der Befreiung aus Unterdrückung und Versklavung geworden. (2 Mose/Exodus 12,1-28)

Der Herr sagte zu Mose und Aaron, als sie noch in Ägypten waren: »Dieser Monat soll für euch der Beginn des Jahres sein. Sagt der ganzen Gemeinde Israel, dass jeder Familienvater am 10. Tag des Monats für seine Familie ein Lamm auswählt.

Ist die Familie zu klein, um ein ganzes Tier zu verzehren, so soll sie sich mit der Nachbarfamilie zusammentun. Sie sollen sich vorher überlegen, wie viel jeder essen kann, damit nichts übrig bleibt. Das Tier muss einjährig und männlich sein und darf keine Fehler haben. Ihr könnt ein Schaf- oder ein Ziegenböckchen nehmen.

Das Tier wird bis zum 14. Tag des Monats von der übrigen Herde gesondert gehalten. Gegen Abend schlachten dann alle Familien in der ganzen Gemeinde ihr Lamm. Von dem Blut nehmen sie etwas und streichen es an die beiden Türpfosten und den oberen Türbalken der Häuser, in denen sie das Mahl halten. Sie braten das Lamm am Feuer und essen es in derselben Nacht, zusammen mit ungesäuertem Brot und bitteren Kräutern.

Ihr dürft nichts von dem Lamm roh oder gekocht essen. Es muss am Feuer gebraten sein, und zwar ganz, mit Kopf, Beinen und Innereien. Ihr dürft auch nichts davon bis zum andern Morgen übrig lassen. Die Reste müsst ihr verbrennen.

Beim Essen sollt ihr reisefertig gekleidet sein, die Sandalen an den Füßen und den Wanderstab in der Hand. In Hast und Eile sollt ihr essen. Dies ist das Passafest für mich, den Herrn.

In dieser Nacht werde ich durch Ägypten gehen und alle Erstgeborenen töten, bei Mensch und Vieh. An allen Göttern Ägyptens werde ich mein Gericht vollstrecken, ich, der Herr. Eure Türen aber sollen durch das Blut bezeichnet sein. Überall, wo ich dieses Blut sehe, werde ich vorübergehen, und so werdet ihr verschont bleiben, wenn ich strafend durch ganz Ägypten gehe. Dieser Tag soll für euch ein Gedenktag sein, der in allen kommenden Generationen als Festtag für mich gefeiert wird. Das ist eine Anweisung für alle Zeiten.
Vom Passa-Abend an sollt ihr sieben Tage lang ungesäuertes Brot essen. Vor Beginn des Festes müsst ihr den Sauerteig aus euren Häusern entfernen. Wer während dieser sieben Tage Brot isst, das mit Sauerteig zubereitet wurde, hat sein Leben verwirkt und muss aus dem Volk Israel ausgestoßen werden. Der erste und der siebte Tag sind heilige Tage, an denen jede Arbeit ruhen muss. Nur das Essen darf zubereitet werden.
Jahr für Jahr sollt ihr das Fest der Ungesäuerten Brote feiern, weil ich euch am ersten Tag dieses Festes in geordneten Scharen aus Ägypten herausgeführt habe. Alle kommenden Generationen sollen diesen Festtag begehen. Vom Abend des 14. Tages bis zum Abend des 21. Tages im 1. Monat dürft ihr nur ungesäuertes Brot essen. Sieben Tage lang darf kein Sauerteig in euren Häusern sein. Wer in dieser Zeit gesäuertes Brot isst, hat sein Leben verwirkt und muss aus der Gemeinde Israel ausgestoßen werden, der Israelit genauso wie der Fremde, der bei euch lebt. Ihr dürft in die-

ser Zeit nichts essen, das mit Sauerteig zubereitet ist. Das gilt für alle eure Wohnsitze.«

Mose rief die Ältesten Israels zusammen und befahl ihnen: »Jeder Familienvater soll sich ein Schaf- oder Ziegenböckchen aussuchen und es für das Passamahl schlachten. Er soll das Blut in einer Schüssel auffangen, ein Büschel Ysop hineintauchen und die beiden Türpfosten und den oberen Türbalken mit dem Blut bestreichen. Danach darf niemand mehr das Haus verlassen bis zum Morgen. Wenn der HERR in der Nacht vorbeikommt, um den Schlag gegen Ägypten zu führen, wird er das Blut an den Türpfosten und Türbalken sehen und vorübergehen. Er wird nicht zulassen, dass der Todesengel eure Häuser betritt. Diese Anweisungen sollt ihr auch künftig befolgen; sie gelten für eure Nachkommen zu allen Zeiten.

Auch wenn ihr in das Land kommt, das der HERR euch zugesagt hat, sollt ihr an diesem Brauch festhalten. Und wenn euch eure Kinder fragen, was das bedeutet, dann antwortet ihnen: ›Wir schlachten am Passafest ein Tier für den HERRN, weil er in Ägypten an den Häusern der Israeliten vorüberging und uns verschonte, als er den Schlag gegen die Ägypter führte.‹«

Die Leute von Israel warfen sich anbetend vor dem HERRN nieder. Dann gingen sie und taten alles genau so, wie der HERR es Mose und Aaron befohlen hatte.

Tanzen für den Herrn

Die Bundeslade kommt nach Jerusalem

Normalerweise zeigt ein König (oder eine Königin) keine Emotionen. Oder haben Sie die Queen schon einmal herzlich lachen sehen? Schon der eher formelle Kuss eines frisch vermählten königlichen Brautpaares auf dem Balkon eines Palastes gilt unter den »Royals« als Äußerstes der Gefühle.

Die biblischen Könige sind da zum Teil ganz anders. König David zum Beispiel tanzte völlig aus der Reihe, und zwar im wörtlichen Sinne. An jenem Tag hatte er die so genannte Bundeslade, das alte Symbol der Gegenwart Gottes unter dem Volk Israel, nach Jerusalem, der Hauptstadt des noch jungen Reiches, bringen lassen. Darüber freute er sich so sehr, dass er alle protokollarischen Vorschriften außer Acht ließ. Die Freude an Gott ließ ihn tanzen – vor den Augen der anderen Mitglieder des Königshauses. Davids eigene Frau zieht den König angesichts seines »schamlosen« Verhaltens prompt zur Rechenschaft. (2 Samuel 6)

David rief die Elite der wehrfähigen jungen Männer Israels zusammen, etwa 300 000 Mann, und zog mit ihnen nach Baala im Gebiet des Stammes Juda. Von dort wollte er die Lade Gottes nach Jerusalem holen – die Bundeslade, die dem Herrn, dem Herrscher der Welt, geweiht ist, der über den Keruben thront. Sie luden die Lade

Gottes auf einen Wagen, der neu und noch völlig unbenutzt war. So brachten sie die Lade aus dem Haus Abinadabs fort, das auf der Anhöhe steht. Usa und Achjo, die Söhne Abinadabs, lenkten den Wagen mit der Lade Gottes, wobei Achjo vor der Lade herging. David und die Männer Israels spielten zur Ehre des HERRN auf Schlaghölzern, Zithern und Harfen, auf Handpauken, Schellen und Zimbeln.

Als sie zum Dreschplatz Nachons kamen, drohten die vorgespannten Rinder den Wagen umzuwerfen. Usa griff nach der Lade, um sie festzuhalten. Da wurde der HERR zornig auf Usa und tötete ihn, weil er so gedankenlos gehandelt hatte; er starb an Ort und Stelle neben der Lade. David war wütend, weil der HERR ihn so aus dem Leben gerissen hatte. Darum nannte er den Platz Perez-Usa (Usa-Riss) und so heißt er bis heute.

David bekam aufgrund dieses Vorfalls Angst vor dem HERRN. »Es ist ein vermessener Gedanke, die Lade des HERRN zu mir zu holen«, sagte er sich und gab den Plan auf, sie zu sich in die Davidsstadt zu bringen. Er leitete sie stattdessen um in das Haus Obed-Edoms, der aus Gat stammte. Dort blieb sie drei Monate stehen. Der HERR aber segnete Obed-Edom und sein ganzes Haus. Als der König davon erfuhr, dass der HERR wegen der Lade Obed-Edom mit Glück und Wohlstand gesegnet hatte, ging er hin, um sie in einer feierlichen Prozession aus dem Haus Obed-Edoms in die Davidsstadt zu überführen.

Als die Träger der Lade des HERRN die ersten sechs Schritte zurückgelegt hatten, ließ David sie anhalten und opferte ein Rind und ein Mastkalb. Unterwegs tanzte er mit ganzer Hingabe vor dem Herrn und seiner Lade her. Er hatte nur einen leinenen Priesterschurz an. So überführten David und die Männer aus ganz Israel die Lade des Herrn unter Jubelgeschrei und dem Schall der Widderhörner nach Jerusalem.

Als die Bundeslade in die Davidsstadt getragen wurde, stand Davids Frau Michal, die Tochter Sauls, am Fenster. Sie fand es unpassend, dass David als König vor dem Herrn her tanzte und hüpfte, und sie verachtete ihn in ihrem Herzen.

Die Lade des Herrn wurde in das Zelt gebracht, das David für sie errichtet hatte, und an den vorgesehenen Platz gestellt. Der König opferte Brandopfer und schlachtete Tiere für das Opfermahl. Nach dem Mahl segnete er das Volk im Namen des Herrn, des Herrschers der Welt. Alle aus Israel, die dabei gewesen waren, die ganze große Menge, Männer wie Frauen, bekamen ein Ringbrot und je eine Portion zusammengepresste Datteln und Rosinen mit auf den Heimweg.

Auch David ging nach Hause, um seine Familie zu begrüßen. Michal, die Tochter Sauls, kam ihm entgegen und spottete: »Heute hat der König von Israel aber Ehre eingelegt! Vor den Frauen seiner Diener hat er sich schamlos entblößt, wie es nur das niedrigste Gesindel tut!«

Doch David erwiderte ihr: »Zur Ehre des Herrn habe ich es getan! Er hat mich deinem Vater und allen seinen Nachkommen vorgezogen und mich zum Anführer seines

Volkes Israel gemacht. Deshalb will ich auch künftig zu seiner Ehre tanzen und springen und mich noch tiefer erniedrigen als diesmal. Ich will mich selbst für gering halten; aber die Frauen, die mich nach deiner Meinung verachten müssen, die werden es verstehen und mir Ehre erweisen.«
Michal aber, die Tochter Sauls, blieb ihr Leben lang kinderlos.

Eine ganze Woche lang feiern

Einweihung und Wiedereinweihung des Tempels

Kein Weg war zu weit. Alles, was laufen konnte, kam zum Tempelberg in Jerusalem. Zwar kannten die Israeliten schon von alters her heilige Gegenstände, bei denen sie Gottes Gegenwart erlebten (wie z. B. die Bundeslade), doch einen Tempel hatte es noch nicht gegeben. Jetzt war er fertig gestellt. Ab sofort konnte man dort Opfer darbringen, Gott im Gebet suchen und miteinander Gottesdienst feiern. Und so ließ es sich der Bauherr – König Salomo höchstpersönlich – nicht nehmen, das neue Haus Gottes mit einem festlichen Akt einzuweihen. Und was für ein heutiges Staatsoberhaupt kaum vorstellbar wäre, war für den biblischen Herrscher, dem hohen Anlass entsprechend, geradezu selbstverständlich: Er rief eine Woche Sonderurlaub für alle Untertanen aus, damit sie das große Ereignis gebührend feiern konnten. (2 Chronik 7,1-11)

Als Salomo sein Gebet beendet hatte, fiel Feuer vom Himmel und verzehrte das Brandopfer und die dem Herrn geweihten Stücke der Mahlopfer. Die Herrlichkeit des Herrn erfüllte den Tempel, sodass die Priester ihn nicht betreten konnten. Als die Leute von Israel sahen, wie das Feuer herabfiel und wie die Herrlichkeit des Herrn sich über dem Tempel zeigte, warfen sich alle auf die Knie und beugten sich mit dem Gesicht auf das Pflaster nieder; sie beteten den Herrn an und priesen ihn mit den Worten: »Der Herr ist gut zu uns, seine Liebe hört niemals auf!«
Dann feierte König Salomo zusammen mit dem ganzen Volk die Einweihung des Tempels durch ein großes Opfer. Für das Opfermahl ließ er 22 000 Rinder und 120 000 Schafe schlachten. Die Priester versahen ihren Dienst und auch die Leviten hatten sich mit den Musikinstrumenten aufgestellt, die König David für den Gottesdienst hatte anfertigen lassen. Die Leviten begleiteten damit die Danklieder Davids. Auch jetzt priesen sie den Herrn wieder mit dem Lied: »Seine Liebe hört niemals auf!« Die Priester bliesen dazu ihre Trompeten, während das ganze Volk stand. Weil der Bronzealtar vor dem Haus des Herrn für die Menge der Opfer zu klein war, machte Salomo den ganzen Mittelteil des Vorhofs zum Opferaltar. Dort ließ er Brand- und Speiseopfer darbringen und die Fettstücke der Mahlopfer verbrennen.

Im Anschluss an die Einweihung des Tempels feierten Salomo und das ganze Volk Israel eine Woche lang das Laubhüttenfest. Es war eine große Gemeinde, die aus dem

ganzen Land zusammengekommen war, von Lebo-Hamat im Norden bis zu dem Tal, das die ägyptische Grenze bildet, im Süden. Am achten Tag fand die Abschlussfeier statt. Sie hatten also zuerst sieben Tage lang die Einweihung des Altars gefeiert, dann noch einmal sieben Tage das Laubhüttenfest.
Am 23. Tag des siebten Monats verabschiedete Salomo das Volk. Glücklich und zufrieden über alles Gute, das Gott David, Salomo und seinem Volk Israel erwiesen hatte, gingen alle nach Hause. Salomo hatte das Haus des HERRN und sein eigenes Haus vollendet, und alles, was er sich dabei vorgenommen hatte, war gut gelungen.

Fast 1 000 Jahre später wiederholte sich diese Geschichte in ähnlicher Weise noch einmal. Der Tempel war zwar nicht zerstört, aber von nichtjüdischen Besatzungstruppen, den Seleuziden, durch heidnische Kultfeiern entweiht worden. Tapferen jüdischen Freiheitskämpfern, den so genannten Makkabäern, gelang es, die Besatzer zu vertreiben, und die Wiederweihe des Tempels wurde wiederum eine ganze Woche lang gefeiert. (2 Makkabäer 10,1-8)

Weil der Herr selbst ihr Anführer war, konnten der Makkabäer und seine Leute den Tempel und ganz Jerusalem wieder in ihre Gewalt bringen. Sie zerstörten die Altäre, die die Fremden auf dem Marktplatz errichtet hatten, und ebenso alle Stätten, an denen die Götter der Fremden verehrt worden waren. Den Tempel reinigten sie von

den Spuren des Götzendienstes und bauten einen neuen Brandopferaltar. Dann entzündeten sie mit Feuer, das sie aus Steinen schlugen, das Holz auf dem Altar und brachten nach zweijähriger Unterbrechung wieder Brandopfer dar. Sie kümmerten sich auch um das Räucheropfer, zündeten die Lampen an und legten die geweihten Brote aus. Danach warfen sie sich zu Boden und baten den Herrn, er möge sie doch nie wieder in ein solches Unglück geraten lassen. Wenn sie erneut vor ihm schuldig werden sollten, dann solle er selbst sie in Güte zurechtweisen, aber nicht noch einmal der rohen Gewalt von Völkern ausliefern, die von ihm nichts wissen wollten.
Es traf sich, dass die Wiederweihe des Tempels auf den gleichen Tag fiel, an dem ihn die Fremden entweiht hatten, nämlich auf den 25. Kislew. Das Freudenfest dauerte acht Tage lang, genauso lang wie das Laubhüttenfest. Judas und seine Leute dachten daran, wie sie kurze Zeit zuvor noch das Laubhüttenfest wie die wilden Tiere in den Höhlen im Gebirge hatten begehen müssen. Deshalb trugen sie jetzt mit Efeu umwundene Stäbe, grün belaubte Zweige und auch Palmen in ihren Händen und priesen Gott in Dankliedern, weil er es ihnen ermöglicht hatte, den Tempel von den Spuren des Götzendienstes zu reinigen. Sie setzten auch fest – und ließen öffentlich darüber beschließen und abstimmen –, dass das ganze jüdische Volk jährlich diese Tage festlich begehen sollte.

Der biblische Knigge für Feste

Richtiges Verhalten bei einem Festmahl

Auf Partys kann man sich ganz schön danebenbenehmen. Das gilt etwa für jene Wichtigtuer, die sich gerne groß in Szene setzen, sich zum Mittelpunkt der Gesellschaft machen wollen und gerne und viel reden, dabei aber nicht fähig sind, anderen zuzuhören, sodass es zu keinem richtigen Gespräch kommt. »Sehen und – vor allem – gesehen werden« lautet ihr Motto. Und wer hat als Gastgeber nicht schon einmal unter Gästen gelitten, die auch weit nach Mitternacht noch keine Anstalten machen aufzubrechen, obwohl alle anderen längst gegangen sind und der Gastgeber durch einen gelegentlichen Blick zur Uhr zu verstehen gibt, dass er große Sehnsucht nach seinem Bett hat? Solchen Gästen seien die weisen Ratschläge von Jesus Sirach ins Stammbuch geschrieben. (Sirach 32,1-13)

Wenn dir bei einem Festmahl der Vorsitz übertragen wird, dann spiel dich nicht auf! Benimm dich wie jeder andere Gast auch! Kümmere dich um das Wohl der anderen, bevor du dich selber hinsetzt. Nachdem du alle deine Pflichten erfüllt hast, kannst du deinen Platz einnehmen und dich über die Zufriedenheit der anderen freuen. Zum Dank für dein vorbildliches Verhalten werden sie dir den Ehrenkranz aufsetzen.

Bist du älter als die anderen Gäste, so steht es dir zu, das Wort zu ergreifen. Sprich nur über Dinge, die du genau

kennst, aber lass auch die Musik zu ihrem Recht kommen! Wo es Musik und Gesang zu hören gibt, halte keine langen Reden! Es wäre der schlechteste Augenblick, deine Weisheit anzubringen.
Musik zu einem Festmahl mit Wein ist wie ein Rubin in einem goldenen Schmuckstück. Wie ein Smaragd in einem goldenen Siegelring, so ist eine schöne Melodie zusammen mit einem guten Wein.
Wenn du jung bist, sprich nur, wenn es nötig ist; aber höchstens zweimal und nur, wenn du gefragt wirst! Fass dich kurz und sag viel mit wenig Worten! Zeig, dass du Bescheid weißt und trotzdem schweigen kannst! Wenn du unter angesehenen Leuten bist, halte dich nicht für ebenso wichtig. Und wenn Ältere da sind, halte dich mit deinem Geschwätz zurück. Einem bescheidenen Menschen geht ein guter Ruf voraus, genauso sicher wie der Blitz dem Donner.
Wenn es Zeit ist, zu gehen, musst du nicht zu den Letzten gehören! Geh schnell nach Hause und mach unterwegs keine Dummheiten! Zu Hause kannst du dich weiter vergnügen und tun, was dir Spaß macht; aber versündige dich nicht durch überhebliches Gerede! Und für alles danke deinem Schöpfer, der dich mit so vielen guten Gaben erfreut!

Auch Jesus gab seinen Jüngern wichtige Verhaltensregeln sowohl für die Gäste als auch für den Gastgeber einer Gesellschaft: (Lukas 14,7-14)

Jesus hatte beobachtet, wie die zum Essen Geladenen die Ehrenplätze für sich aussuchten. Das nahm er zum Anlass, sie in einem Bild darauf hinzuweisen, welche Regeln an Gottes Tisch gelten.

»Wenn dich jemand zu einem Hochzeitsmahl einlädt, dann setz dich nicht gleich auf den Ehrenplatz. Es könnte ja sein, dass eine noch vornehmere Person eingeladen ist. Der Gastgeber, der euch beide geladen hat, müsste dann kommen und dich auffordern, den Ehrenplatz abzutreten. Dann müsstest du beschämt auf dem untersten Platz sitzen. Setz dich lieber auf den letzten Platz, wenn du eingeladen bist. Wenn dann der Gastgeber kommt, wird er zu dir sagen: ›Lieber Freund, komm, nimm weiter oben Platz!‹ So wirst du vor allen geehrt, die mit dir eingeladen sind. Denn alle, die sich selbst groß machen, werden von Gott gedemütigt, und alle, die sich selbst gering achten, werden von ihm zu Ehren gebracht.«

Dann wandte sich Jesus an den Gastgeber: »Wenn du ein Essen gibst, am Mittag oder am Abend, dann lade nicht deine Freunde ein, deine Brüder und Verwandten oder die reichen Nachbarn. Sie laden dich dann nur wieder ein, und du hast deinen Lohn gehabt. Nein, wenn du ein Essen gibst, dann lade Arme, Verkrüppelte, Gelähmte und Blinde ein! Dann darfst du dich freuen, weil sie es dir nicht vergelten können; denn Gott selbst wird es dir vergelten, wenn er die vom Tod erweckt, die getan haben, was ihm gefällt.«

Die Kehrseite der Medaille: Ein Fall von missbrauchter Festlaune

Das Ende Johannes des Täufers

Eigentlich war das Fest gut gelungen. Wer Rang und Namen hatte in Galiläa, war gekommen – schließlich war es König Herodes höchstpersönlich, der zur Feier seines Geburtstages eingeladen hatte. Für fürstliches Essen und kurzweilige Unterhaltung war also gesorgt. Doch dann entglitt dem König die Kontrolle über das Geschehen und der Abend nahm ein schreckliches Ende.
Aber der Reihe nach:
Der Prophet Johannes, genannt »der Täufer«, war ein unbequemer Zeitgenosse. Er sagte Gottes Gericht an und forderte die Menschen zu einem Verhalten auf, das die Gebote Gottes ernst nahm. Dabei schonte er auch die Mächtigen nicht. Da er Herodes deutlich sagte, was er von dessen zweifelhaftem Verhältnis zu Herodias, der ehemaligen Frau seines Halbbruders, hielt, hatte der König ihn kurzerhand ins Gefängnis werfen lassen. An jenem Abend nun, dem königlichen Geburtstag, sollte es dem Täufer zum Verhängnis werden, dass sich Herodes – von der Schönheit der jungen Tochter von Herodias geblendet – zu einem Versprechen mit fataler Folge hinreißen ließ. (Markus 6,17-29)

Herodes hatte Johannes festnehmen und gefesselt ins Gefängnis werfen lassen. Der Grund dafür war: Herodes hatte seinem Bruder Philippus die Frau, Herodias, weggenommen und sie geheiratet. Johannes hatte ihm daraufhin vorgehalten: »Das Gesetz Gottes erlaubt dir nicht, die Frau deines Bruders zu heiraten.« Herodias war wütend auf Johannes und wollte ihn töten, konnte sich aber nicht durchsetzen. Denn Herodes wusste, dass Johannes ein frommer und heiliger Mann war; darum wagte er nicht, ihn anzutasten. Er hielt ihn zwar in Haft, ließ sich aber gerne etwas von ihm sagen, auch wenn er beim Zuhören jedes Mal in große Verlegenheit geriet.

Aber dann kam für Herodias die günstige Gelegenheit. Herodes hatte Geburtstag und veranstaltete ein Festessen für seine hohen Regierungsbeamten, die Offiziere und die angesehensten Bürger von Galiläa. Dabei trat die Tochter von Herodias als Tänzerin auf. Das gefiel Herodes und den Gästen so gut, dass der König zu dem Mädchen sagte: »Wünsche dir, was du willst; du wirst es bekommen.« Er schwor sogar: »Ich gebe dir alles, was du willst, und wenn es mein halbes Königreich wäre!«

Das Mädchen ging hinaus zu seiner Mutter und fragte: »Was soll ich mir wünschen?«

Die Mutter sagte: »Den Kopf des Täufers Johannes.«

Schnell ging das Mädchen wieder hinein zum König und verlangte: »Ich will, dass du mir sofort auf einem Teller den Kopf des Täufers Johannes überreichst!«

Der König wurde sehr traurig; aber weil er vor allen Gästen einen Schwur geleistet hatte, wollte er die Bitte nicht abschlagen. Er schickte den Henker und befahl ihm, den Kopf

von Johannes zu bringen. Der Henker ging ins Gefängnis und enthauptete Johannes. Er brachte den Kopf auf einem Teller herein, überreichte ihn dem Mädchen, und das Mädchen gab ihn seiner Mutter.
Als die Jünger des Täufers erfuhren, was geschehen war, holten sie den Toten und legten ihn in ein Grab.

Von Abstinenzlern und Alkoholgegnern

»Sieben Wochen ohne« – noch heute nehmen viele Menschen die Wochen vor Karfreitag und Ostern gerne zum Anlass, für einige Zeit auf Dinge zu verzichten, die ihnen im Alltag lieb – vielleicht zu lieb – geworden sind: z. B. auf Fleisch, Schokolade, Nikotin oder eben auf Alkohol. Die Motive sind dabei sehr unterschiedlich und sicher nicht immer »religiös«. Manche Menschen erhoffen sich durchaus einen spirituellen Gewinn vom Fasten, andere wollen sich beweisen, dass sie noch Herr über ihre Gewohnheiten sind (und nicht umgekehrt). Wieder andere möchten einfach ihrem Körper etwas Gutes tun und überzählige Pfunde loswerden.
Auch die Bibel weiß von Abstinenzlern und Alkoholgegnern zu erzählen. Dabei geht es allerdings nicht um die Bekämpfung von Gewichtsproblemen. Vielmehr verzichten diese Menschen auf den Genuss von Wein – für einige Zeit oder auch für immer –, um dadurch in einer bestimmten Situation ihren Glauben zu bewähren.

Enthaltsamkeit aus Treue zu Gott

Daniel und seine Freunde

Die Ess- und Trinkgewohnheiten sagen viel über ein Volk aus. Wer von einem Land in ein anderes zieht und sein Leben dort nicht als Außenseiter fristen, sondern in die Gesellschaft integriert werden will, tut gut daran, sich auf diese Gewohnheiten einzulassen. Kommt man z. B. in ein vom Islam geprägtes Land, sollte man tunlichst seine Vorliebe für Schweinefleisch und für alkoholische Getränke im Zaum halten!

Auch den Propheten Daniel hatte es einst, gemeinsam mit einigen anderen jungen Männern, in ein fernes Land verschlagen, nämlich nach Babylonien, genauer: an den Königshof dieser Weltmacht des 6. Jahrhunderts v. Chr. Der babylonische König fasste nun den Plan, die jungen Leute so intensiv mit den einheimischen Sitten und Gebräuchen bekannt zu machen, dass aus ihnen gleichsam astreine Babylonier werden würden, die für den Dienst an seinem Hof taugen. Für Daniel und die anderen war das eine hervorragende Aufstiegschance in der fremden Umgebung. Freilich hätten sie dazu auch die babylonischen Ess- und Trinkgewohnheiten übernehmen müssen. Doch das hätte sie in Konflikt mit den Vorschriften des Mose-Gesetzes gebracht. So geraten sie in eine schwierige Situation: Sie müssen zwischen Anpassung und Karriere auf der einen Seite und ihrem traditionellen Glauben auf der anderen Seite wählen. Wie entscheiden sie sich? Und welche Folgen hat das für sie? Lesen Sie selbst! (Daniel 1)

Im dritten Regierungsjahr Jojakims, des Königs von Juda, zog der babylonische König Nebukadnezzar mit einem Heer vor Jerusalem und belagerte die Stadt. Der HERR gab Jojakim in die Gewalt Nebukadnezzars und auch ein Teil der heiligen Geräte fiel dem Babylonierkönig in die Hände. Er ließ die Geräte nach Babylonien bringen und bewahrte sie in der Schatzkammer beim Tempel seines Gottes auf.

Nebukadnezzar befahl seinem Palastvorsteher Aschpenas, junge Israeliten aus der Verwandtschaft des Königs und aus den vornehmen Familien für ihn auszusuchen. »Sie müssen gesund sein und gut aussehen«, sagte er. »Außerdem müssen sie klug und verständig sein und eine umfassende Bildung haben, damit sie zum Dienst in meinem Palast geeignet sind. Und dann sollen sie auch unsere Sprache und Schrift lernen.«

Drei Jahre lang sollten die jungen Leute ausgebildet werden, um dann in den Dienst des Königs zu treten. Der König ordnete an, dass sie jeden Tag Speisen und Wein von seiner eigenen Tafel bekamen.

Unter den ausgesuchten jungen Männern aus Juda waren auch Daniel, Hananja, Mischaël und Asarja. Der Palastvorsteher gab ihnen babylonische Namen: Daniel nannte er Beltschazzar, Hananja Schadrach, Mischaël Meschach und Asarja Abed-Nego.

Daniel war fest entschlossen, kein Essen und Trinken von der Tafel des Königs anzurühren, um nicht unrein zu werden. Deshalb bat er den Palastvorsteher, nicht von den Speisen des Königs essen zu müssen. Gott half ihm, sodass der Palastvorsteher ihn wohlwollend anhörte. Allerdings sagte er zu Daniel: »Ich habe Angst vor meinem Herrn, dem König. Er hat selbst bestimmt, was ihr essen und trinken sollt. Wenn er feststellt, dass du und deine drei Freunde schlechter aussehen als die anderen jungen Leute, lässt er mir den Kopf abschlagen.«
Daniel wandte sich an den Aufseher, den der Palastvorsteher für ihn und seine drei Freunde bestimmt hatte. »Mach doch einmal zehn Tage lang einen Versuch mit uns«, bat er ihn. »Lass uns Gemüse essen und Wasser trinken! Danach vergleichst du unser Aussehen mit dem der andern jungen Leute, die ihr Essen von der Tafel des Königs bekommen. Und dann entscheidest du, was weiter geschehen soll!«
Der Aufseher war einverstanden und ging auf den Versuch ein. Nach Ablauf der zehn Tage zeigte es sich, dass Daniel und seine Freunde sogar besser und kräftiger aussahen als die andern jungen Leute, die ihr Essen von der königlichen Tafel erhielten. Da ließ er ihnen weiterhin Gemüse geben; den Wein und die für sie bestimmten Speisen stellte er weg. Gott aber gab den vier jungen Männern Klugheit und Verstand, sodass sie alles begriffen und sich bald in jedem Wissensgebiet auskannten. Daniel besaß darüber hinaus die Fähigkeit, Träume und Visionen zu verstehen und zu deuten.

Am Ende der Zeit, die König Nebukadnezzar festgesetzt hatte, sollten ihm alle jungen Leute zur Prüfung vorgeführt werden. Als der Palastvorsteher sie zu ihm brachte und er sich mit ihnen unterhielt, zeigte es sich, dass Daniel, Hananja, Mischaël und Asarja allen anderen überlegen waren. Sie wurden in den königlichen Dienst aufgenommen, und sooft der König in schwierigen Fragen ihren Rat suchte, merkte er, dass sie zehnmal klüger waren als alle Gelehrten und Magier in seinem ganzen Königreich. Daniel blieb im königlichen Dienst bis ins erste Regierungsjahr des Königs Kyrus.

Gottgeweihte bleiben nüchtern
Simson als Träger der Kraft Gottes

In der folgenden Geschichte haben wir es mit einem Fall lebenslanger Enthaltsamkeit zu tun: Wein und auch Bier sind für diesen außergewöhnlichen Menschen von vornherein tabu. Mehr noch: Selbst seine Mutter darf in der Zeit der Schwangerschaft keine alkoholischen Getränke zu sich nehmen. Was hat es mit diesem Menschen – der noch dazu auch seine Haare nicht schneiden darf – auf sich?
Ein Engel erklärt der werdenden Mutter, warum für ihren Sohn Simson Regeln gelten, die andere Menschen nicht beachten müssen: Simson ist ein »Gottgeweihter«, d.h. er wird gleichsam der Träger der göttlichen Gegenwart un-

ter dem Volk Israel sein. Übermenschliche Kraft wird ihn auszeichnen, mit deren Hilfe er Israel retten wird, denn das wird zu jener Zeit von seinen Nachbarn im Südwesten, den Philistern, arg bedrängt. Warum diese Kraft von Enthaltsamkeit und vom Verzicht auf das Schneiden der Haare abhängig gemacht wird, erklärt der Engel nicht. Wahrscheinlich sollen die Haare unangetastet bleiben, weil sie damals als Symbol der Lebenskraft galten. Und der Verzicht auf Alkohol soll wohl sicherstellen, dass Simson seine Kraft nicht durch übermäßigen Konsum desselben unversehens lahm legt. (Richter 13,1-24)

Von neuem taten die Leute von Israel, was dem HERRN missfällt; da gab er sie vierzig Jahre lang in die Hand der Philister.

Damals lebte in Zora ein Mann aus dem Stamm Dan namens Manoach, dessen Frau war kinderlos. Eines Tages erschien ihr der Engel des HERRN und sagte: »Du bist unfruchtbar und hast keine Kinder bekommen, aber jetzt wirst du schwanger werden und einen Sohn gebären. Sieh zu, dass du während der Schwangerschaft weder Wein noch Bier trinkst und keine unreinen Speisen isst. Denn der Sohn, den du zur Welt bringen wirst, soll von seiner Geburt an ein Gottgeweihter sein. Seine Haare dürfen ihm nie geschnitten werden. Mit ihm beginnt die Rettung Israels aus der Hand der Philister.«

Da ging die Frau zu Manoach und erzählte ihm: »Ein heiliger Mann kam zu mir. Er sah aus wie der Engel Gottes, sodass mir ganz unheimlich war. Ich wagte nicht, ihn zu fragen, woher er kommt, und er hat mir auch nicht seinen Namen gesagt. Er sagte zu mir: ›Du wirst schwanger werden und einen Sohn gebären. Trink von jetzt an weder Wein noch Bier und iss keine unreinen Speisen; denn dein Sohn wird ein Gottgeweihter sein vom Tag seiner Geburt bis zum Tag seines Todes.‹«

Da betete Manoach zum HERRN und sagte: »Bitte, Herr, lass doch den Gottesmann noch einmal zu uns kommen! Er soll uns genau sagen, was wir mit dem Kind, das er uns angekündigt hat, machen sollen.«

Gott erhörte seine Bitte, und der Engel kam noch einmal zu der Frau, als sie gerade allein auf dem Feld war. Sie lief zu ihrem Mann und sagte: »Komm schnell! Der Mann, der damals zu mir kam, ist wieder da!«

Manoach ging mit ihr hinaus und fragte ihn: »Warst du es, der neulich mit meiner Frau gesprochen hat?«

»Ja, ich war es«, sagte der Engel und Manoach fragte weiter: »Wenn deine Ankündigung eingetroffen ist, wie sollen wir es dann mit dem Kind halten? Was darf es tun und was nicht?«

Der Engel des HERRN erwiderte: »Seine Mutter soll alles meiden, was ich ihr genannt habe. Sie darf keine Trauben essen und weder Wein noch Bier trinken und sie soll auch keine unreinen Speisen essen.«

Manoach hatte den Engel des HERRN nicht erkannt. Er sagte: »Geh noch nicht weg! Wir möchten dir gerne ein gekochtes Ziegenböckchen bringen.«

Der Engel erwiderte: »Auch wenn du mir noch so sehr zuredest, ich werde nichts essen. Aber wenn du willst, kannst du es dem Herrn als Brandopfer darbringen.«
Manoach fragte ihn: »Wie heißt du denn? Wir möchten dir doch unseren Dank abstatten, wenn deine Voraussage eingetroffen ist.«
Aber der Engel des Herrn erwiderte: »Frage mich nicht nach meinem Namen! Er ist voller Wunder.«
Da nahm Manoach das Ziegenböckchen und dazu Brot als Speiseopfer und verbrannte beides auf einem Felsblock als Opfer für den Herrn, der Wunder tut. Manoach und seine Frau standen dabei. Und als die Flamme vom Altar zum Himmel stieg, da stieg der Engel des Herrn in der Flamme nach oben. Sie sahen es und warfen sich zu Boden, mit dem Gesicht zur Erde. Manoach wusste jetzt, dass er mit dem Engel des Herrn gesprochen hatte. Er und seine Frau sahen ihn von da an nicht wieder.
Erschrocken sagte Manoach zu seiner Frau: »Wir haben Gott gesehen! Jetzt müssen wir sterben!«
Doch seine Frau erwiderte: »Wenn der Herr unseren Tod wollte, hätte er unser Opfer nicht angenommen, das Brand- und das Speiseopfer, und uns nicht das alles sehen lassen. Dann hätte er uns auch nicht solch eine Ankündigung gemacht.«
Manoachs Frau gebar einen Sohn und gab ihm den Namen Simson. Er wuchs heran und der Herr segnete ihn.

Weinverzicht als Testfall
Das Vorbild der Sippe Rechab

Einen merkwürdigen Auftrag hat der Prophet Jeremia da von Gott erhalten: Er soll im Tempel – ausgerechnet an diesem heiligen Ort – eine große Anzahl Weinkrüge aufstellen und eine bestimmte Volksgruppe, die so genannten Rechabiter, zum Trinken auffordern! Das Problem: Die Rechabiter sind, wie jeder weiß, überzeugte Antialkoholiker. Ihr Stammvater Jonadab, dessen Vater Rechab hieß, war auch in schwierigen Zeiten ein treuer Verfechter des Glaubens an den Gott Israels. Seine Nachkommen beachteten verschiedene Regeln, die sie von den anderen Israeliten unterschieden. Neben dem Verzicht auf Alkohol gehörte dazu auch das Verbot, in Häusern zu wohnen oder Felder zu bestellen. Sie pflegten ein antibäuerliches Lebensideal und erinnerten die anderen Israeliten damit an die Frühzeit, in der Israel noch ein Volk von Nomaden war.

Jeremia kann und soll die Rechabiter letztlich nicht wirklich zum Weintrinken »verführen«. Ihre öffentlich bewiesene Abstinenz soll für das Volk vielmehr zu einem Zeichen werden. Dabei ist es nicht der Alkoholverzicht als solcher, der die Rechabiter zum Vorbild macht. Vorbildlich ist vielmehr ihre Treue zu den Überlieferungen und Weisungen ihres Ahnherrn, für die der Weinverzicht nur ein Beispiel ist. Sie soll dem Volk zu denken geben – einem Volk, das es mit der Treue zu den Weisungen

Gottes, seines »Ahnherrn«, nicht immer so genau nimmt.
Von der Standfestigkeit der Rechabiter in einer Zeit voll Ungewissheit – die Babylonier hatten damals bereits weite Teile Israels erobert und in Israel herrschte große Nervosität – konnten nicht nur die Menschen damals lernen; sie ist auch für uns heute eine Ermutigung, die eigenen Überzeugungen nicht leichtfertig aufzugeben. (Jeremia 35,1-19)

Während der Zeit, als in Juda König Jojakim, der Sohn von Joschija, regierte, erging das Wort des Herrn an Jeremia. Der Herr gab ihm den Auftrag: »Geh zu den Männern der Sippe Rechab und lade sie ein, mit dir in einen der Versammlungsräume am Tempel zu kommen. Dort setze ihnen Wein vor und fordere sie zum Trinken auf!«
Jeremia ging zu Jaasanja, dem Sohn von Jirmeja und Enkel von Habazzinja, und holte ihn mit seinen Brüdern und Söhnen und allen Mitgliedern der Sippe Rechab zum Tempel. Er führte sie in den Raum, in dem sich die Schüler des Propheten Hanan, des Sohnes von Jigdalja, versammelten. Der Raum liegt neben dem Raum der hohen Beamten und oberhalb vom Raum des Torhüters Maaseja, des Sohnes Schallums. Dort ließ Jeremia den Leuten der Sippe Rechab volle Weinkrüge vorsetzen und Becher geben und lud sie ein zu trinken.
Aber die Männer der Sippe Rechab sagten: »Wir trinken keinen Wein! Unser Ahnherr Jonadab, der Sohn Rechabs, hat uns und unseren Nachkommen für alle Zeit befohlen:

›Trinkt keinen Wein! Ihr dürft auch keine Häuser bauen, keine Felder bestellen und keine Weinberge anlegen und besitzen! Ihr sollt für immer in Zelten wohnen bleiben; dann werdet ihr lange leben in diesem Land!‹
Wir haben die Weisung unseres Ahnherrn zu jeder Zeit und in allen Einzelheiten befolgt. Wir trinken also keinen Wein, auch unsere Frauen, unsere Söhne und unsere Töchter nicht. Wir bauen uns auch keine Häuser, sondern wohnen in Zelten. Wir haben keine Weinberge, keine Felder, kein Saatgut. In allem halten wir uns genau an das, was unser Ahnherr Jonadab uns befohlen hat.
Als Nebukadnezzar in das Land einfiel, beschlossen wir jedoch, nach Jerusalem zu ziehen, um uns vor dem Heer der Babylonier und Syrer in Sicherheit zu bringen. Nur deshalb sind wir jetzt hier in Jerusalem.«
Da erging das Wort des HERRN an Jeremia, er sagte zu ihm: »Ich, der Herrscher der Welt, der Gott Israels, befehle dir: Geh und verkünde den Leuten von Juda und Jerusalem: ›Der HERR sagt: Wollt ihr euch nicht endlich dazu bewegen lassen, auf mich zu hören? Was Jonadab, der Sohn Rechabs, seinen Söhnen befohlen hat, das haben sie eingehalten: Er hat ihnen befohlen, keinen Wein zu trinken, und sie trinken keinen Wein bis auf den heutigen Tag. Sie haben die Anordnung ihres Ahnherrn befolgt. Ich aber habe euch wieder und wieder gesagt, was ihr tun sollt; und ihr habt nicht auf mich gehört. Immer von neuem habe ich meine Diener, die Propheten, zu euch gesandt und euch mahnen lassen: Kehrt doch um von euren verkehrten Wegen, hört

auf, Böses zu tun, lauft nicht den fremden Göttern nach und bringt ihnen keine Opfergaben, dann könnt ihr in dem Land wohnen bleiben, das ich euch und euren Vorfahren gegeben habe! Aber ihr wolltet nicht auf mich hören. Die Nachkommen Jonadabs haben die Anordnung ihres Ahnherrn befolgt, aber ihr, das Volk von Juda, habt auf mich nicht gehört. Darum bringe ich jetzt über euch, die Leute von Juda und die Bewohner Jerusalems, all das Unglück, das ich euch angedroht habe. Das sage ich, der Herrscher der Welt, der Gott Israels. Ich hatte euch befohlen, was ihr tun sollt; aber ihr habt nicht darauf gehört. Ich hatte euch gerufen, aber ihr habt nicht geantwortet.‹«
Dann sagte Jeremia zu den Männern der Sippe Rechab: »So spricht der Herrscher der Welt, der Gott Israels: ›Ihr habt die Anordnung eures Ahnherrn Jonadab befolgt; alles, was er euch befohlen hat, habt ihr getan. Deshalb wird es Jonadab, dem Sohn Rechabs, nie an Nachkommen fehlen, die der Weisung ihres Ahnherrn treu bleiben und mir auf ihre Weise dienen!‹ Das sagt der Herr, der Herrscher der Welt, der Gott Israels!«

Von den Gefahren des Alkohols

Die Weisheit der Sprichwörter

Trunksucht kann üble Folgen haben: gesundheitliche, gesellschaftliche und überdies auch finanzielle. Das Buch der Sprichwörter, das ein Fundus lebensgesättigter Erfahrungsweisheiten ist, benennt die Gefahren übermäßigen Weinkonsums ganz unverblümt. (Sprichwörter 20,1; 23,19-21; 23,29-35)

Der Wein macht zum Großmaul und das Bier zum Krakeeler; wer sich ständig betrinkt, wird niemals weise.

Hör auf mich, mein Sohn! Sei vernünftig und bleib auf dem geraden Weg! Halte dich fern von denen, die sich mit Wein voll laufen lassen und ihren Bauch mit Fleisch voll stopfen. Wer säuft und schlemmt, wird faul und hat schließlich nur noch Lumpen am Leib.

Willst du wissen, wer ständig stöhnt und sich selbst bemitleidet? Wer immer Streit hat und sich über andere beklagt? Wer glasige Augen hat und Verletzungen, die er sich hätte ersparen können? Das sind die, die bis spät in die Nacht beim Wein sitzen und keine Gelegenheit auslassen, eine neue Mischung zu probieren. Lass dich nicht vom Wein verführen! Er funkelt so rot im Becher und gleitet so angenehm durch die Kehle; aber dann wird es dir schwindlig, als hätte dich eine giftige Schlange gebissen. Du siehst Dinge, die es gar nicht gibt, und redest dummes Zeug. Du fühlst dich wie auf stürmischer See, wie einer, der im Mastkorb eines Schiffes liegt. Wenn du wieder zu dir kommst, sagst du: »Man muss mich geschlagen haben, aber es hat nicht wehgetan. Man muss mich verprügelt haben, aber ich habe nichts gespürt! Wie werde ich nur wach? Ich brauche einen Schluck Wein, ich will wieder von vorn anfangen!«

Speziell von Politikern wird natürlich erwartet, dass sie bei ihrer Arbeit in jeder Hinsicht nüchtern sind. Nur dann können sie ihren Aufgaben mit der nötigen Sorgfalt nachkommen. Bereits in biblischen Zeiten gab es offenbar den Bedarf, angehende Machtträger auf dieses Problem aufmerksam zu machen. Ein junger König muss sich von seiner Mutter deswegen folgenden Rat geben lassen: (Sprichwörter 31,1-9)

Ratschläge für König Lemuël, die seine Mutter ihm gab: »Du bist der Sohn, den ich so lange von Gott erbeten habe. Hör auf meinen Rat: Vergeude deine Kraft und dein Geld nicht mit Frauen; das hat schon manchen König zugrunde gerichtet. Ergib dich nicht dem Trunk! Wein und Bier sind nichts für Könige! Wenn sie sich betrinken, vergessen sie, was ihnen aufgetragen ist, und sorgen nicht mehr dafür, dass die Armen zu ihrem Recht kommen. Bier und Wein sind gut für den, der am Ende ist; der mag sich betrinken und seinen Kummer vergessen. Deine Sache aber ist es, für Recht zu sorgen. Sprich für alle, die sich selbst nicht helfen können. Sprich für die Armen und Schwachen, nimm sie in Schutz und verhilf ihnen zu ihrem Recht!«

Genuss mit Maßen

Ratschläge von Sirach

Wer kennt das nicht: Man wacht morgens auf und fühlt sogleich, dass man am Abend zuvor wohl etwas zu tief ins Glas geschaut hat. Mit dem Wein ist es wie mit so vielen anderen Dingen: In Maßen genossen, erfrischt und belebt er den Menschen, doch wer ihn im Übermaß zu sich nimmt, bereut das später bitter. Ein Trost mag ihm sein, dass es den Menschen in biblischen Zeiten auch nicht anders ging! Lesen Sie, welche Ratschläge Jesus Sirach seinen Zeitgenossen gibt. (Sirach 31,25-31)

Spiel beim Weintrinken nicht den starken Mann; der Wein hat schon viele schwach gemacht. Wie der Glühofen gehärteten Stahl erprobt, so zeigt der Wein den Charakter überheblicher Menschen, wenn sie – von ihm erhitzt – in Streit geraten.
Der Wein kann dem Menschen Leben einflößen, wenn er maßvoll getrunken wird. Was wäre das Leben ohne Wein? Er war doch von Anfang an da, um uns zu erfreuen! Zur rechten Zeit und mäßig getrunken, gibt der Wein eine heitere Stimmung und ein fröhliches Herz. Doch im Übermaß getrunken, versetzt er in schlechte Laune, macht gereizt und streitsüchtig.
Wenn ein Dummkopf betrunken ist, steigert sich sein Ärger zum öffentlichen Ärgernis. Sein Rausch nimmt ihm alle Kraft und bringt ihm außerdem noch Schläge ein.

Wenn du zusammen mit einem anderen trinkst, mach ihm keine Vorhaltungen! Spotte nicht über ihn, wenn er in Stimmung geraten ist! Beschimpf ihn nicht und komm ihm vor allem nicht mit den Schulden, die er dir zurückzahlen soll!

Von Liebe berauscht wie von Wein

Das Hohelied

Berauschende Sinnlichkeit und Bibel – passt das zusammen? Es passt! Im Alten Testament finden wir eine Sammlung von Liebesliedern, in der sich eine junge Frau und ein junger Mann gegenseitig ihrer Zuneigung und Liebe versichern, und das in höchst poetischen Liedern, frei von falscher Scham. Nirgendwo sonst wird der leibhaftigen Liebe ein schöneres Lob gesungen als im Hohenlied.

Und wo die Liebe besungen wird, da ist der Wein nicht fern. Die vielfältig schillernde Bildwelt des Hohenlieds kommt ohne den Wein einfach nicht aus. Seine belebende, ja berauschende Wirkung gleicht der unwiderstehlichen Faszination, die von einem geliebten Menschen ausgeht. Nicht zufällig treffen sich die beiden Verliebten in einem Weinberg, um dort ihre Liebe auszukosten. Schließlich wird die Geliebte sogar selbst zu einem »Weinstock«, der in den Augen des Geliebten schöner und wertvoller ist als alle andere Attraktionen dieser Welt.

Im Lauf der Jahrhunderte wurden diese Liebeslieder sehr verschieden gedeutet: So fand man in ihnen die Beziehung Gottes zu seinem Volk Israel abgebildet oder die Beziehung Christi zur Kirche. Das Hohelied ist offen für solche Deutungen, will aber zuerst gelesen werden als das, was es offenkundig ist: eine Ode auf das Leben und auf die Liebe und auf den Schöpfer all dessen.
Genug der Vorrede! Genießen wir die Schönheit der Lieder, geben wir uns ihnen hin wie einem guten Glas Wein.
(Hoheslied 1,2-6; 4,9–5,1; 6,11-12; 7,1-13; 8,11-12)

Sie

Komm doch und küss mich!
Deine Liebe berauscht mich
mehr noch als Wein.

Weithin verströmen
deine kostbaren Salben
herrlichen Duft.

Jedermann kennt dich,
alle Mädchen im Lande
schwärmen für dich!

Komm, lass uns eilen,
nimm mich mit dir nach Hause,
fass meine Hand!

Du bist mein König!
Deine Zärtlichkeit gibt mir
Freude und Glück.

Rühmen und preisen
will ich stets deine Liebe,
mehr als den Wein!

Mädchen, die schwärmen,
wenn dein Name genannt wird,
schwärmen zu Recht!

Sie
Schwarz gebrannt hat mich die Sonne,
schwarz wie Beduinenzelte,
wie die Decken Salomos.
Trotzdem bin ich schön, ihr Mädchen
aus der Stadt Jerusalem!
Seht nicht so auf mich herunter,
weil ich dunkler bin als ihr.
Draußen muss ich alle Tage
meiner Brüder Weinberg hüten.
Doch für meinen eigenen Weinberg
– für mich selbst – kann ich nicht sorgen;
dafür bleibt mir keine Zeit!

Er
Verzaubert hast du mich,
Geliebte, meine Braut!
Ein Blick aus deinen Augen
und ich war gebannt.
Sag, birgt er einen Zauber,
an deinem Hals der Schmuck?

Wie glücklich du mich machst
mit deiner Zärtlichkeit!
Mein Mädchen, meine Braut,
ich bin von deiner Liebe
berauschter als von Wein.
Du duftest süßer noch
als jeder Salbenduft.

Wie Honig ist dein Mund,
mein Schatz, wenn du mich küsst,
und unter deiner Zunge
ist süße Honigmilch.
Die Kleider, die du trägst,
sie duften wie der Wald
hoch auf dem Libanon.

Er
Meine Braut ist ein Garten
voll erlesener Pflanzen!
An Granatapfelbäumen
reifen köstliche Früchte.
Herrlich duften die Rosen
und die Blüten der Henna.
Narde, Safran und Kalmus,
alle Weihrauchgewächse,
Zimt und Aloë, Myrrhe,
alle Arten von Balsam
sind im Garten zu finden.
Eine Quelle entspringt dort
mit kristallklarem Wasser,
das vom Libanon herkommt.
Aber noch sind mir Garten
und Quelle verschlossen!

Sie
Kommt doch, ihr Winde,
durchweht meinen Garten!
Nordwind und Südwind,
erweckt seine Düfte!
Komm, mein Geliebter,
betritt deinen Garten!
Komm doch und iss
seine köstlichen Früchte!

Er
Ich komm in den Garten,
zu dir, meine Braut!
Ich pflücke die Myrrhe,
die würzigen Kräuter.
Ich öffne die Wabe
und esse den Honig.
Ich trinke den Wein,
ich trinke die Milch.
Esst, Freunde, auch ihr,
und trinkt euren Wein;
berauscht euch an Liebe!

Er
Ich ging hinunter in den Walnussgarten,
um mich am frischen Grün des Tals zu freuen,
des Weinstocks neue Triebe anzuschauen
und auch die ersten Blüten am Granatbaum.

Sie
Was ist mit mir? Ich kann mich kaum beherrschen,
obwohl ich doch aus edlem Hause stamme!

Die Mädchen und Frauen
Komm, dreh dich im Hochzeitstanz, Schulammít!
Komm, dreh dich im Tanze und lass dich sehn!

Sie
Was habt ihr davon, mich beim Tanz zu sehn?
Was ist denn Besonderes an Schulammít?

Er
Deine Füße sind zierlich
in den Schuhen, du Fürstin!
Und das Rund deiner Hüften
ist das Werk eines Künstlers!
Einer Schale, der niemals
edler Wein fehlen möge,
gleicht dein Schoß, süßes Mädchen!
Wie ein Hügel von Weizen
ist dein Leib, rund und golden
und von Lilien umstanden.
Deine Brüste sind herzig
wie zwei junge Gazellen.
Einem Elfenbeinturm gleich
ist dein Hals, schlank und schimmernd.
Deine Augen – zwei Teiche
nah beim Tore von Heschbon.
Deine Nase ist zierlich
wie der Vorsprung des Wachtturms
an dem Weg nach Damaskus.

Wie das Karmelgebirge
ist dein Kopf, hoch und prächtig.
Voller Glanz ist dein Haupthaar;
in dem Netz deiner Locken
liegt ein König gefangen.

Er
Du bist schön wie keine andere,
dich zu lieben macht mich glücklich!
Schlank wie eine Dattelpalme ist dein Wuchs,
und deine Brüste gleichen ihren vollen Rispen.
Auf die Palme will ich steigen,
ihre süßen Früchte pflücken,
will mich freun an deinen Brüsten,
welche reifen Trauben gleichen.
Deinen Atem will ich trinken,
der wie frische Äpfel duftet,
mich an deinem Mund berauschen,
denn er schmeckt wie edler Wein ...

Sie
... der durch deine Kehle gleitet,
dich im Schlaf noch murmeln lässt.

Sie
Nur ihm, meinem Liebsten, gehör ich
und mir gilt sein ganzes Verlangen!
Komm, lass uns hinausgehn, mein Liebster,
die Nacht zwischen Blumen verbringen!
Ganz früh stehn wir auf, gehn zum Weinberg
und sehn, ob die Weinstöcke treiben,
die Knospen der Reben sich öffnen
und auch die Granatbäume blühen.
Dort schenke ich dir meine Liebe!

Er
Salomo hat einen Weinberg
auf dem Hang von Ba'al-Hamon.
Für die Ernte würde jeder
tausend Silberstücke zahlen;
darum wird er streng bewacht.
Salomo gönn ich die tausend,
auch den Wächtern noch zweihundert –
ich hab meinen eigenen Weinberg!

Biblische Bildworte rund um den Rebstock

Die ganze Welt ein großer Weinberg – in der Bibel dienen Erfahrungen und Geschichten rund um den Weinbau vielfältig als Bilder, an denen etwas über Gottes Beziehung zu uns Menschen verdeutlicht wird: Da erscheint Gott selbst als Weinbauer und sein Volk Israel als Weinberg oder die Menschen werden mit Arbeitern verglichen, die im Weinberg ihren Dienst tun. Schließlich wird die Weinlese auch zum Bild für das große Gericht Gottes am Ende der Zeit.

Das Gottesvolk als unfruchtbarer Weinberg
Jesajas Weinberglieder

Einen Weinberg herzurichten und zu pflegen ist Knochenarbeit. Das gilt für die biblische Zeit noch mehr als für die Gegenwart, in der moderne Technik auch im Weinanbau Einzug gehalten hat. Man muss das Erdreich von Steinen befreien und den Weinberg durch eine Mauer einfrieden. Die Weinstöcke müssen nicht nur eingepflanzt, sondern auch regelmäßig beschnitten werden. Weinbauern müssen ihre Arbeit mit Engagement und Hingabe ausüben. »Dienst nach Vorschrift« kommt hier nicht in Frage. Umso größer ist die Enttäuschung, wenn sich die ganze Arbeit im Herbst als vergebliche Liebesmüh entpuppt und der Weinberg zur Erntezeit nicht entsprechende Frucht trägt.

Die Beziehung zwischen Winzer und Weinberg wird in der Bibel zu einem Bild für die Geschichte Gottes mit seinem Volk Israel. Gott gleicht einem Winzer, der nichts unversucht lässt, um die Fruchtbarkeit und den Ertrag seines Weinbergs zu erhöhen. Hat er Erfolg? Und wie wird er reagieren, wenn der Erfolg ausbleibt? Die Antwort gibt uns der Prophet Jesaja: In der Rolle eines Freundes des »Weinbergbesitzers« trägt er das folgende Lied vor. (Jesaja 5,1-7)

Hört mir zu! Ich singe euch das Lied meines Freundes von seinem Weinberg:

Auf fruchtbarem Hügel,
da liegt mein Stück Land,
dort hackt ich den Boden
mit eigener Hand,
ich mühte mich ab
und las Felsbrocken auf,
baute Wachtturm und Kelter,
setzte Reben darauf.
Und süße Trauben
erhofft ich zu Recht,

doch was dann im Herbst wuchs,
war sauer und schlecht.

Jerusalems Bürger,
ihr Leute von Juda,
was sagt ihr zum Weinberg,
was tätet denn ihr da?
Die Trauben sind sauer –
entscheidet doch ihr:
War die Pflege zu schlecht?
Liegt die Schuld denn bei mir?

Ich sage euch, Leute,
das tue ich jetzt:
Weg reiß ich die Hecke,
als Schutz einst gesetzt;
zum Weiden solln Schafe
und Rinder hinein!
Und die Mauer ringsum –
die reiße ich ein!
Zertrampelnden Füßen
geb ich ihn preis,
schlecht lohnte mein Weinberg
mir Arbeit und Schweiß!
Ich will nicht mehr hacken,
das Unkraut soll sprießen!
Der Himmel soll ihm
den Regen verschließen!

Der Weinberg des HERRN
seid ihr Israeliten!
Sein Lieblingsgarten,
Juda, seid ihr!
Er hoffte auf Rechtsspruch –
und erntete Rechtsbruch,
statt Liebe und Treue
nur Hilfeschreie!

Erfreulicherweise ist das nicht das letzte Wort, das im Buch des Propheten Jesaja zu diesem Thema zu lesen ist. An anderer Stelle wendet sich der Blick weiter in die Zukunft – in eine heilvolle und glückliche Zukunft, in der von Gottes »Weinberg« beste Erträge zu erwarten sind und Gott seine Zöglinge gegen alle »Schädlinge« verteidigt. (Jesaja 27,2-5)

An jenem Tage sagt der HERR zu euch:
»Ich habe einen wundervollen Weinberg;
singt alle, singt ein Lied zu seinem Ruhm!
Ich selber bin sein Wächter, ich, der HERR,
und alle Augenblicke tränk' ich ihn.
Bei Tag und Nacht bewache ich den Weinberg,
damit ihm nichts und niemand schaden kann.
Mein heißer Zorn auf ihn ist abgekühlt.
Doch wenn ich Dornen oder Disteln finde,
dann gibt es einen schonungslosen Krieg,
sie werden ausgerissen und verbrannt.

So geht es allen Feinden meines Weinbergs,
wenn sie nicht bei mir Zuflucht suchen
und Frieden mit mir schließen wollen.
Ja, Frieden schließen sollten sie mit mir!«

Gebet für den zerstörten Weinstock Gottes
Psalm 80

Was in dem ersten Weinberglied des Propheten Jesaja angekündigt wird, traf dann auch ein: Nachdem Gott seine schützende Hand von seinem Weinstock genommen hat, sind Feinde – deren Zerstörungswut nur mit dem wüsten Treiben von Wildschweinen zu vergleichen ist – über ihn hergefallen und haben ihn furchtbar zugerichtet.

Hinter den Klagen und geradezu beschwörenden Bitten des folgenden Textes wird die Situation Israels nach der Eroberung seines nördlichen Teils durch die Assyrer 722 v. Chr. deutlich sichtbar. Die Oberschicht des Volkes war in das Land der Sieger deportiert worden und die im Land Zurückgebliebenen fristeten ein karges Dasein. In dieser hoffnungslos scheinenden Situation gehen die Gedanken der Israeliten zurück in die großartige Vergangenheit, als das Volk Israel aus Ägypten in das von Gott verheißene Land kam. Prachtvoll hat sich der »Weinstock« Israel damals entfalten können. Von diesen Erfahrungen zehren die Beter des Psalmes noch immer und von ihnen nährt sich ihre Hoffnung, dass Gott seinen Weinberg wieder aufbauen wird. (Psalm 80)

Hör uns, Hirt Israels,
der du Josefs Nachkommen führst wie eine Herde!
Der du über den Keruben thronst,
zeige dich in strahlendem Glanz!
Entfalte deine gewaltige Macht
vor den Augen deiner Stämme,
vor Efraïm, Benjamin und Manasse!
Komm und hilf uns!

Gott, richte uns wieder auf!
Blick uns freundlich an,
dann ist uns geholfen!

Herr, du Gott der ganzen Welt,
wie lange willst du noch zornig schweigen,
wenn dein Volk zu dir betet?
Du hast uns Kummer zu essen gegeben
und becherweise Tränen zu trinken.
Du hast uns zum Zankapfel der Nachbarn gemacht,
unsere Feinde treiben ihren Spott mit uns.

Gott, du Herr der Welt,
richte uns doch wieder auf!
Blick uns freundlich an,
dann ist uns geholfen!

In Ägypten hast du einen Weinstock ausgegraben;
ganze Völker hast du vertrieben,
um ihn an ihrer Stelle einzupflanzen.
Du hast den Boden für ihn gerodet;
darum konnte er Wurzeln schlagen
und das ganze Land ausfüllen.
Mit seinem Schatten bedeckte er die Berge,
mit seinen Zweigen die mächtigen Zedern.
Seine Ranken streckte er aus bis zum Meer,
seine Triebe bis hin zum Eufrat.
Warum hast du seine Schutzmauer niedergerissen,
sodass jeder, der vorbeikommt, ihn plündern kann?
Das Wildschwein aus dem Wald verwüstet ihn,
die Tiere der Steppe fressen ihn kahl.

Komm wieder zu uns, Gott,
du Herr der Welt!
Blicke vom Himmel herab und sieh uns,
kümmere dich um deinen Weinstock!
Schütze ihn, den du selber gepflanzt hast,
den Spross, der dir seine Kraft verdankt!
Aber nun ist er umgehauen und verbrannt!
Blick unsere Feinde drohend an,
damit sie vergehen müssen!
Lege deine Hand schützend auf den König,
der an deiner rechten Seite sitzt,
auf den Mann, den du stark gemacht hast.
Wir wollen nie wieder von dir weichen!

Erhalte uns am Leben,
wir wollen uns zu dir bekennen!

Herr, du Gott der ganzen Welt,
richte uns doch wieder auf!
Blick uns freundlich an,
dann ist uns geholfen!

Der Becher des Zorns

Vision vom Gericht Gottes über die Völker

Dienten die Bildworte aus dem Bereich des Weinbaus bei den vorigen Texten dazu, Gottes Gericht über sein eigenes Volk Israel zu beschreiben, so kommen beim folgenden Text neben Israel auch andere Völker in den Blick. Für sie alle hält Gott einen furchtbaren Trank bereit: einen Becher voll von Wein, der ihnen nicht gut bekommen wird. Er wird sie betrunken machen, sodass sie ins Torkeln geraten und in das offene Schwert stürzen, das Gott in seiner Hand hält. (Jeremia 25,15-29)

Der Herr, der Gott Israels, hat zu mir gesagt: »Nimm diesen Weinbecher aus meiner Hand. Er ist gefüllt mit meinem Zorn. Gib ihn allen Völkern zu trinken, zu denen ich dich sende! Sie sollen ihn austrinken! Betrunken sollen sie in das Schwert hineintaumeln, das ich unter ihnen wüten lasse.«

Da nahm ich den Becher und gab ihn allen Völkern zu trinken, zu denen mich der Herr schickte. Zuerst mussten Jerusalem und die Städte in Juda – samt ihren Königen und führenden Männern – trinken, damit sie zu Trümmerfeldern würden, zu Stätten des Grauens, von denen man sich mit Entsetzen abwendet und deren Namen als Fluchwort dienen, wie es bis heute der Fall ist.
Dann kamen die anderen Völker an die Reihe und mussten aus dem Becher trinken: der Pharao, der König Ägyptens, mit seinem ganzen Hof und seinen Fürsten, mit all seinem Volk und den Fremden, die in Ägypten leben; alle Könige des Landes Uz; alle Könige der Philisterstädte Aschkelon, Gaza, Ekron und des Restes von Aschdod; alle Edomiter, Moabiter und Ammoniter; alle Könige von Tyrus und Sidon und von den Ländern jenseits des Meeres; die Leute von Dedan, Tema und Bus und alle mit geschorenen Schläfen; alle Könige Arabiens und alle Könige der Wüstenstämme; alle Könige von Simri, Elam und Medien; alle Könige des Nordens, die nahen und die fernen, einer nach dem andern. Ja, alle Reiche der Erde mussten davon trinken. Als Letzter wird der König von Babylonien davon trinken.
Dann gab der Herr mir den Auftrag, den Völkern auszurichten: »So spricht der Herr, der Herrscher der Welt, der Gott Israels: ›Trinkt, berauscht und erbrecht euch, bis ihr hinstürzt und nicht mehr aufstehen könnt! Taumelt in das Schwert, das ich unter euch wüten lasse!‹«
»Wenn sie sich aber weigern«, sagte er zu mir, »den Becher aus deiner Hand anzunehmen und zu trinken, dann sag

ihnen: ›Der HERR, der Herrscher der Welt, befiehlt euch: Ihr müsst trinken, ob ihr wollt oder nicht! Ich fange mit der Strafe an bei der Stadt, die mein Eigentum ist. Meint ihr vielleicht, ihr bleibt ungestraft? Nein, auch euch trifft die Strafe! Ich rufe das Schwert gegen alle Bewohner der Erde herbei. Das sage ich, der Herrscher der Welt.‹«

Gleicher Lohn für alle?
Die Arbeiter im Weinberg

Wenn die Weinlese ansteht, braucht der Winzer jede Menge Erntehelfer, um die Früchte seiner Arbeit einzuholen. Wollte er alles alleine tun, wäre er heillos überfordert. So haben, wenn wir schließlich eine Flasche Wein entkorken, meistens sehr viele Hände an ihrer Herstellung mitgearbeitet.
Jesus hat seinen Jüngern eine Geschichte erzählt, in der Gott mit einem solchen Winzer verglichen wird, der mehrfach am Tag auf den Marktplatz geht, wo er Leute ansprechen kann, die Arbeit suchen. Im Laufe des Tages stellt er mehr und mehr Personal ein – sogar noch eine Stunde vor Feierabend! Ist diese Personalpolitik schon erstaunlich genug, so ist es noch überraschender, dass schließlich alle Arbeiter am Ende des Tages den gleichen Lohn bekommen. Sind nicht diejenigen im Recht, die den ganzen Tag lang hart gearbeitet haben und sich nun über das Verhalten ihres Arbeitgebers empören?

Die Erzählung ist sicher keine Handlungsempfehlung für Unternehmer. Aber ist Gott denn ein Unternehmer und sind die Menschen sein Personal? Vielleicht will Jesus uns dazu veranlassen, unser Bild von Gott und von uns selbst zu hinterfragen. (Matthäus 20,1-16)

Jesus sagte: »Wenn Gott sein Werk vollendet, wird es sein wie bei dem Weinbergbesitzer, der früh am Morgen auf den Marktplatz ging, um Leute zu finden und für die Arbeit in seinem Weinberg anzustellen. Er einigte sich mit ihnen auf den üblichen Tageslohn von einem Silberstück, dann schickte er sie in den Weinberg.

Um neun Uhr ging er wieder auf den Marktplatz und sah dort noch ein paar Männer arbeitslos herumstehen. Er sagte auch zu ihnen: ›Ihr könnt in meinem Weinberg arbeiten, ich will euch angemessen bezahlen.‹ Und sie gingen hin. Genauso machte er es mittags und gegen drei Uhr. Selbst als er um fünf Uhr das letzte Mal zum Marktplatz ging, fand er noch einige herumstehen und sagte zu ihnen: ›Warum tut ihr den ganzen Tag nichts?‹ Sie antworteten: ›Weil uns niemand eingestellt hat.‹ Da sagte er: ›Geht auch ihr noch hin und arbeitet in meinem Weinberg!‹

Am Abend sagte der Weinbergbesitzer zu seinem Verwalter: ›Ruf die Leute zusammen und zahl allen ihren Lohn! Fang bei denen an, die zuletzt gekommen sind, und höre bei den ersten auf.‹

Die Männer, die erst um fünf Uhr angefangen hatten, traten vor und jeder bekam ein Silberstück.

Als nun die an der Reihe waren, die ganz früh angefangen hatten, dachten sie, sie würden entsprechend besser bezahlt, aber auch sie bekamen jeder ein Silberstück. Da murrten sie über den Weinbergbesitzer und sagten: ›Diese da, die zuletzt gekommen sind, haben nur eine Stunde lang gearbeitet, und du behandelst sie genauso wie uns? Dabei haben wir den ganzen Tag über in der Hitze geschuftet!‹
Da sagte der Weinbergbesitzer zu einem von ihnen: ›Mein Lieber, ich tue dir kein Unrecht. Hatten wir uns nicht auf ein Silberstück geeinigt? Das hast du bekommen, und nun geh! Ich will nun einmal dem Letzten hier genauso viel geben wie dir! Ist es nicht meine Sache, was ich mit meinem Eigentum mache? Oder bist du neidisch, weil ich großzügig bin?‹«
Jesus schloss: »So werden die Letzten die Ersten sein und die Ersten die Letzten.«

Wer nimmt die Arbeit auf sich?

Von den beiden Söhnen des Weinbergbesitzers

Zwar kommt man beim Weinanbau nicht ohne Hilfspersonal aus, die meisten Betriebe sind aber vor allem Familienunternehmen. Die Kinder helfen oft schon früh mit und übernehmen den Betrieb schließlich einmal selbst. In der folgenden Geschichte begegnen uns zwei solche (bereits erwachsene) Söhne, die ihrem Vater im

Weinberg helfen sollen. An ihrer unterschiedlichen Reaktion auf die Bitte des Vaters macht Jesus wieder etwas über die Beziehung zwischen Gott und den Menschen deutlich: Nicht die Worte zählen, sondern das tatsächliche Verhalten. Noch ist es nicht zu spät, Einsicht zu zeigen und sein Verhalten zu ändern! (Matthäus 21,28-32)

Jesus sagte: »Was meint ihr zu folgender Geschichte? Ein Mann hatte zwei Söhne. Er sagte zu dem einen: ›Mein Sohn, geh und arbeite heute im Weinberg!‹ ›Ich will nicht‹, erwiderte der Sohn; später aber überlegte er es sich und ging doch. Dasselbe sagte der Vater auch zu seinem anderen Sohn. ›Ja, Herr‹, antwortete der, ging aber nicht. Wer von den beiden hat nun nach dem Willen des Vaters gehandelt?«
»Der Erste«, antworteten sie.
Da sagte Jesus: »Ich versichere euch: Die Zolleinnehmer und die Prostituierten werden eher in die neue Welt Gottes kommen als ihr. Der Täufer Johannes ist gekommen und zeigte euch, was ihr jetzt tun müsst, um Gottes Willen zu erfüllen; aber ihr habt ihm nicht geglaubt. Die Zolleinnehmer und die Prostituierten haben ihm geglaubt! Aber ihr – nicht einmal als ihr das saht, habt ihr euch besonnen und ihm Glauben geschenkt.«

Aufstand im Weinberg

Von den bösen Weinbergpächtern

Die Arbeiter proben den Aufstand! Zwar haben sie den Weinberg zu fairen Bedingungen pachten können, doch als der Besitzer für einige Zeit außer Landes weilt, wollen sie die Zahlung der Pacht ganz einstellen. Den Boten, der die Pacht abholen soll, schicken sie nicht nur mit leeren Händen zurück, sondern verprügeln ihn auch noch. Doch der Besitzer lässt sich nicht provozieren. Wieder und wieder schickt er neue Boten – in der Hoffnung, dass die Pächter ihr Unrecht doch noch einsehen. Selbst nachdem einige Boten ermordet worden sind, setzt er sein Recht nicht mit Gewalt durch.

Jesus erzählt diese Geschichte, die so real und so ungewöhnlich zugleich ist, um seinen Hörern einen Spiegel vorzuhalten. Vor allem die religiöse Elite Israels ist angesprochen. Sie erkennt sich in den Pächtern wieder, wie ihre Reaktion auf die Geschichte zeigt. Bis in Jesu Zeit setzen sie die üble Tradition ihrer Vorfahren fort, die die Propheten Gottes – die »Knechte« – nicht gehört, sondern abgewiesen hat.

Wenn der Weinbergbesitzer schließlich seinen eigenen Sohn zum Weinberg schickt, so ist dies ein Hinweis auf den Auftrag, den Jesus selbst an ihnen – und aus heutiger Sicht dürfen wir sagen: an allen Menschen – auszuführen hat: sie endlich zu Einsicht und Umkehr zu bringen. Wo seine Botschaft Gehör findet und ihre Boten nicht mundtot gemacht werden, werden sich die Menschen an den Weisungen Gottes orientieren und nicht mehr einfach, wie die Pächter, das Recht des Stärkeren praktizieren. (Markus 12,1-12)

Jesus wandte sich mit einem Gleichnis an sie. Er sagte: »Ein Mann legte einen Weinberg an, machte einen Zaun darum, baute eine Weinpresse und errichtete einen Wachtturm. Dann verpachtete er den Weinberg und verreiste. Zur gegebenen Zeit schickte er einen Boten zu den Pächtern, um seinen Anteil am Ertrag des Weinbergs abholen zu lassen. Die Pächter aber verprügelten den Boten und ließen ihn unverrichteter Dinge abziehen. Der Besitzer schickte einen zweiten, dem schlugen sie den Kopf blutig und behandelten ihn auf die schimpflichste Weise. Da schickte er einen weiteren Boten. Den brachten sie sogar um. Und so machten sie es noch mit vielen anderen, die er schickte: Die einen wurden misshandelt, die anderen umgebracht.

Schließlich blieb ihm nur noch sein eigener Sohn, dem seine ganze Liebe galt. Den schickte er zu den Pächtern, weil er sich sagte: ›Vor meinem Sohn werden sie Respekt haben.‹ Aber die Pächter sagten zueinander: ›Das ist der Erbe! Wir bringen ihn um, dann gehört seine Erbschaft, der Weinberg, uns!‹ So töteten sie ihn und warfen die Leiche aus dem Weinberg hinaus.

Was wird nun der Besitzer des Weinbergs tun? Er wird selbst kommen, die Pächter töten und den Weinberg ande-

ren anvertrauen. Ihr kennt ja wohl die Stelle in den Heiligen Schriften, wo es heißt: ›Der Stein, den die Bauleute als wertlos weggeworfen haben, ist zum Eckstein geworden. Der Herr hat dieses Wunder vollbracht, und wir haben es gesehen.‹«
Die führenden Priester, die Gesetzeslehrer und die Ratsältesten hätten Jesus gerne festgenommen; denn sie merkten, dass das Gleichnis auf sie gemünzt war. Aber sie hatten Angst vor der Menge. So ließen sie ihn unbehelligt und gingen weg.

Reif für die Lese

Die große Weinlese am Ende der Zeit

Wenn die Trauben reif sind, ist die Zeit der Ernte da. Jedes weitere Warten könnte die Qualität des Weines verschlechtern. Die Reben werden von den Weinstöcken mit scharfen Messern abgeschnitten und in der Kelter durch Stampfen zerquetscht, sodass sich darunter der Most sammeln kann.
Es liegt wohl an der roten Farbe des Mostes – die der Farbe des Blutes gleicht –, dass der eigentlich natürliche, oft sogar fröhliche Vorgang des Kelterns in der Bibel zu einem Bild für Gottes Gericht werden kann. Wenn wir im letzten Buch der Bibel, der Offenbarung, von einem solchen Gericht Gottes am Ende der Zeit lesen, so ist dieses Gericht jedoch nicht das Ende der Wege Gottes. Es ist viel-

mehr ein Schritt auf dem Weg zu dem immer währenden Fest Gottes mit den Menschen, auf das kein Gericht mehr folgt, so wie die Lese nur ein – notwendiger – Schritt auf dem Weg zum Wein und den damit verbundenen Freuden und Genüssen ist. (Offenbarung 14,14-20)

Ich blickte auf, und ich sah eine weiße Wolke; darauf saß einer, der aussah wie der Sohn eines Menschen. Er hatte eine goldene Krone auf dem Kopf und eine scharfe Sichel in der Hand. Dann kam wieder ein Engel aus dem Tempel. Er rief dem, der auf der Wolke saß, mit lauter Stimme zu: »Lass deine Sichel schneiden und bring die Ernte ein! Die Stunde für die Ernte ist gekommen, die Erde ist reif!« Da warf der, der auf der Wolke saß, seine Sichel über die Erde, und die Ernte wurde eingebracht.
Dann sah ich einen anderen Engel aus dem Tempel im Himmel kommen; auch er hatte eine scharfe Sichel. Ein weiterer Engel kam vom Altar. Es war der Engel, der für das Feuer zuständig ist. Er rief dem mit der scharfen Sichel mit lauter Stimme zu: »Lass deine scharfe Sichel schneiden und schneide die Trauben am Weinstock der Erde ab! Sie sind reif!« Der Engel warf seine Sichel über die Erde, die schnitt die Trauben vom Weinstock. Er warf die Trauben in die große Weinpresse, die den Zorn Gottes bedeutet. Außerhalb der Stadt wurden sie in der Presse ausgedrückt. Da kam ein Blutstrom aus der Weinpresse, der stieg so hoch, dass er den Pferden bis an die Zügel reichte, und floss sechzehnhundert Wegmaße weit.

»Ich bin der Weinstock, ihr seid die Reben«

Jesus und der Wein

Wie stellen Sie sich jemanden vor, dem sein Glaube wichtig ist und der sein Leben an den Weisungen der Bibel ausrichten will? Meistens werden solche Menschen für ernste, ja finstere Zeitgenossen gehalten. Man unterstellt ihnen, dass sie sich gegenüber den Sinnesfreuden verschließen, die das Leben für unbeschwerte Gemüter bereithält. Schließen sich der Glaube an Gott und unverkrampfte Offenheit für die Freuden des Lebens wirklich aus?

Zur Zeit Jesu gab es im Judentum bestimmte religiöse Gruppierungen, die sich durch ein besonderes Bemühen um die Gesetze Gottes auszeichneten, wie sie in den fünf Mose-Büchern zu finden sind. Sie entwickelten eine Fülle von Bestimmungen, um nur ja nicht in Konflikt mit dem Willen Gottes zu geraten. Jesus führte mit ihnen viele Gespräche. Aus ihrer Sicht war er ein liberaler Lebemann, der sich mit allerlei Gesindel abgab, dem fromme Leute besser aus dem Weg gehen sollten.

Jesus war wirklich kein Kind von Traurigkeit. Aber das hatte seine Ursache gerade darin, dass er Gott ernst nahm – und zwar als den Schöpfer des Lebens, der die Menschen mit den Gaben seiner Schöpfung erfreuen will. In diesem Zusammenhang spielt auch der Wein eine Rolle. Das Neue Testament erzählt davon, dass Jesus zu verschiedenen Gelegenheiten den einen oder anderen Becher Wein getrunken hat. So kann ein Blick auf Jesus mit dem Vorurteil aufräumen, dass fromme Menschen immer auch freudlose Menschen sein müssen.

Mit einem Weinwunder fängt es an

Die Hochzeit von Kana

Stellen Sie sich vor, eine gute Freundin heiratet und bittet Sie, die Hochzeitsfeier zu organisieren. Was gibt es da nicht alles zu bedenken! Zuerst müssen Sie einen Raum finden, in dem die Feier stattfinden kann. Der Raum muss festlich geschmückt sein und für Musik ist zu sorgen. Und dann sollten Sie natürlich das leibliche Wohl der Gesellschaft nicht vergessen: Ein Catering-Service könnte ein feines Menü liefern. Auch eine kleine Auswahl edler Tropfen sollte gereicht werden.

Der große Abend ist da und die Gäste haben sich am Ort der Feier eingefunden. Braut und Bräutigam sind überglücklich und die Stimmung ist ausgelassen. Das leckere Essen schmeckt den Gästen vorzüglich und auch dem Wein spricht man rege zu. Zu fortgeschrittener Stunde kommt nun Ihre Freundin auf Sie zu und bittet Sie, ange-

sichts der vielen leeren Flaschen auf den Tischen doch für Nachschub zu sorgen. Doch als Sie die Bedienung entsprechend anweisen, erhalten Sie die Antwort: Der Wein ist alle! Jetzt ist guter Rat teuer.
Jesus war einmal in einer ähnlichen Lage. Allerdings war er, gemeinsam mit seiner Mutter und seinen Jüngern, lediglich Gast auf dieser denkwürdigen Hochzeitsfeier. Seine Mutter, die dem Brautpaar offenbar näher stand als er, macht ihn auf die überaus peinliche Situation aufmerksam, in der sich die Gastgeber befinden – wohl in der vagen Hoffnung, Jesus wisse irgendeinen Ausweg. Und tatsächlich: Nach anfänglichem Zögern sorgt Jesus auf wundersame Weise dafür, dass die Feier unbeschwert fortgesetzt werden kann.
Die Bibel erzählt diese Geschichte nicht, um uns Jesus als eine Art Zauberer zu präsentieren, der über den Naturgesetzen steht und scheinbar Unmögliches möglich macht. Die Geschichte soll vielmehr ein Zeichen dafür sein, dass Jesus ein Freund des Lebens ist. Er will uns schon mitten in dieser Welt einen Vorgeschmack der großen Feier vermitteln, die Gott am Ende der Zeit für alle Menschen geben will und die kein Ende nehmen wird. Und da wird an Wein sicher kein Mangel sein! (Johannes 2,1-11)

In Kana in Galiläa wurde eine Hochzeit gefeiert. Die Mutter von Jesus war dabei, und auch Jesus war mit seinen Jüngern dazu eingeladen.

Als der Weinvorrat zu Ende war, sagte seine Mutter zu ihm: »Sie haben keinen Wein mehr!«
Jesus erwiderte ihr: »Frau, das ist meine Sache, nicht deine! Meine Stunde ist noch nicht gekommen.«
Da wandte sich seine Mutter an die Diener und sagte: »Tut alles, was er euch befiehlt!«
Im Haus standen sechs Wasserkrüge aus Stein, von denen jeder etwa hundert Liter fasste. Man brauchte sie wegen der Reinigung, die das Gesetz vorschreibt. Jesus sagte zu den Dienern: »Füllt diese Krüge mit Wasser!« Sie füllten sie bis an den Rand. Dann befahl er ihnen: »Jetzt nehmt eine Probe davon und bringt sie dem Mann, der für das Festessen verantwortlich ist.«
Sie brachten ihm eine Probe, und er kostete das Wasser, das zu Wein geworden war. Er wusste nicht, woher dieser Wein kam; nur die Diener, die das Wasser geschöpft hatten, wussten es. Er rief den Bräutigam zu sich und sagte: »Jeder bringt doch zuerst den guten Wein auf den Tisch, und wenn die Gäste schon reichlich getrunken haben, folgt der schlechtere. Aber du hast den guten Wein bis zuletzt aufgehoben!«
So vollbrachte Jesus in Kana in Galiläa sein erstes Wunderzeichen und offenbarte seine Herrlichkeit. Und seine Jünger kamen zum Glauben an ihn.

Jesus, ein »Vielfraß und Säufer«?
Johannes und Jesus

Jesus war nicht bei allen seinen Zeitgenossen beliebt. Bei vielen hatte er sogar einen ausgesprochen schlechten Ruf. Sie schimpften ihn einen »Vielfraß und Säufer«. Das lag wahrscheinlich daran, dass er die zu seiner Zeit in frommen Kreisen verbreiteten Fastenregeln nicht beachtete. Er unterschied sich in dieser Hinsicht auch von einem, dem er ansonsten sehr nahe stand: Johannes dem Täufer. Dieser rief die Menschen angesichts ihrer Gesetzlosigkeit zu einer radikalen Umkehr auf und übte sich zum Zeichen der nötigen Buße in strengem Fasten.
Jesus begründet sein auffälliges Verhalten damit, dass es eine »Hochzeit« zu feiern gelte – eine ungewöhnliche freilich. Die Ehe ist in der Bibel ein Bild für die vertrauensvolle und unverbrüchliche Bindung, die Gott mit den Menschen eingehen will. Jesus hat diese Beziehung Gottes zu den Menschen mit seinem ganzen Leben feiern wollen. Deswegen hat er in gemeinsamen Mahlzeiten mit seinen Jüngern und mit jedem, der daran teilnehmen wollte, »Hochzeit« gefeiert, nämlich die Hochzeit Gottes mit den Menschen. Und bei Hochzeiten geht es ausgelassen zu! Auf Hochzeiten muss Raum sein für ansteckende Fröhlichkeit! Und nicht zuletzt wird dabei natürlich auch Wein getrunken. (Lukas 5,33-35; 7,33-34)

Die Pharisäer und ihre Gesetzeslehrer hielten Jesus vor: »Die Jünger des Täufers Johannes fasten oft und verrichten Gebete, so wie es auch unsere Jünger tun. Aber deine Jünger essen und trinken!«
Jesus antwortete: »Ihr könnt doch nicht verlangen, dass die Hochzeitsgäste fasten, solange der Bräutigam da ist! Die Zeit kommt früh genug, dass der Bräutigam ihnen entrissen wird; dann werden sie fasten.«

Jesus sagte: »Der Täufer Johannes ist gekommen, aß kein Brot und trank keinen Wein, und ihr sagt: ›Er ist von einem bösen Geist besessen.‹ Der Menschensohn ist gekommen, isst und trinkt, und ihr sagt: ›Seht ihn euch an, diesen Vielfraß und Säufer, diesen Kumpan der Zolleinnehmer und Sünder!‹«

Gärprozess mit Sprengkraft
Vom neuen Wein in alten Schläuchen

Wer schon einmal im Herbst beim Winzer oder auch im Supermarkt Federweißen gekauft hat, der weiß, dass die Flaschen nie fest verschlossen sind. Das hat einen guten Grund: Der Federweiße gärt noch und es entwickeln sich Gase, die aus der Flasche entweichen müssen, soll es nicht zu einem gefährlichen Überdruck kommen. Auch zur Zeit Jesu wusste man um die Besonderheiten jungen Weines. Man durfte ihn keinesfalls in alte, porös gewor-

dene Schläuche – gemeint sind große Vorratsbehälter aus Ziegenleder – füllen, da diese sonst bersten würden.
Gegenüber einigen Hütern der religiösen Tradition, die Jesus zur Rede stellten, weil seine Jünger mit den Fastenvorschriften brachen, vergleicht Jesus seine Botschaft mit einem solchen neuen Wein. Er stellt damit klar, dass die Liebe zum Althergebrachten der Annahme des Neuen im Weg stehen kann und dass sich das Neue deswegen eigene Ausdrucksformen suchen muss.
Zwar suchte Jesus nicht das Neue um des Neuen willen. Doch wo immer Traditionen zu bloßen Gewohnheiten erstarrt waren, scheute er sich nicht, mit ihnen konsequent zu brechen. Da konnte es auch keine faulen Kompromisse geben. (Lukas 5,36-39)

Jesus erklärte ihnen das Verhalten seiner Jünger noch weiter in Bildern; er sagte:
»Niemand schneidet ein Stück von einem neuen Kleid ab, um damit ein altes zu flicken. Sonst hat er das neue Kleid zerschnitten, und zu dem alten passt der Flicken von dem neuen gar nicht.
Auch füllt niemand neuen Wein, der noch gärt, in alte Schläuche. Sonst sprengt der neue Wein die alten Schläuche; der Wein fließt aus und auch die Schläuche sind hin. Nein, neuer Wein gehört in neue Schläuche!
Aber niemand, der alten Wein getrunken hat, wird danach neuen haben wollen. Denn er wird sagen: ›Der alte ist besser.‹«

Jesus, der wahre Weinstock

Vom Fruchtbringen

Jeder Weinbauer und jede Weinbäuerin kann ein Lied davon singen: Weinstöcke bedürfen intensiver Pflege. Wenn man sie einfach dem Wildwuchs überlässt, dann ist von ihnen keine große Ernte zu erwarten. Die Reben müssen regelmäßig zurückgeschnitten werden bis zum Stamm, der ihnen alles zuführt, was sie brauchen, um zu wachsen und reiche Frucht hervorzubringen. Abgestorbene Reben werden ganz entfernt und verbrannt, denn alle Kraft des Weinstocks soll in die gesunden Reben gehen und nicht für bloßen Holzwuchs »vergeudet« werden. Nur ein Weinstock mit vielen guten Trauben, aus denen sich charakterstarker Wein keltern lässt, ist ein guter Weinstock. Freilich: Manchmal muss man auch Triebe, die – noch – keine Trauben tragen, stehen lassen und ihnen Zeit geben: Schon im Jahr darauf können sie so weit sein, dass sie Frucht bringen.

Weil die Menschen in der landwirtschaftlich geprägten Welt Palästinas mit den Besonderheiten des Weinanbaus vertraut waren, hat Jesus das Bild des Weinstocks gebraucht, um seine Botschaft damit zu illustrieren. Er vergleicht sich selbst mit einem Weinstock und seine Jünger mit den Reben. Sinn des Jüngerdaseins ist es, Werke der Liebe zu vollbringen. Jünger, die das tun, sind wie gute Reben mit vielen Trauben. Um dieses Ziel zu erreichen, müssen sie in steter Verbindung mit dem Weinstock, d.h.

mit Jesus, bleiben. Nur wenn sie von ihm her – und das heißt letztlich: von Gott – ihre Kraft zum Leben beziehen, können sie diese Kraft in viele gute »Früchte« weiterleiten. (Johannes 15,1-17)

Ich bin der wahre Weinstock, und mein Vater ist der Weinbauer. Er entfernt jede Rebe an mir, die keine Frucht bringt; aber die fruchttragenden Reben reinigt er, damit sie noch mehr Frucht bringen. Ihr seid schon rein geworden durch das Wort, das ich euch verkündet habe. Bleibt mit mir vereint, dann werde auch ich mit euch vereint bleiben. Nur wenn ihr mit mir vereint bleibt, könnt ihr Frucht bringen, genauso wie eine Rebe nur Frucht bringen kann, wenn sie am Weinstock bleibt.

Ich bin der Weinstock und ihr seid die Reben. Wer mit mir verbunden bleibt, so wie ich mit ihm, bringt reiche Frucht. Denn ohne mich könnt ihr nichts ausrichten. Wer nicht mit mir vereint bleibt, wird wie eine abgeschnittene Rebe fortgeworfen und vertrocknet. Solche Reben werden gesammelt und ins Feuer geworfen, wo sie verbrennen. Wenn ihr mit mir vereint bleibt und meine Worte in euch lebendig sind, könnt ihr den Vater um alles bitten, was ihr wollt, und ihr werdet es bekommen. Die Herrlichkeit meines Vaters wird ja dadurch sichtbar, dass ihr reiche Frucht bringt und euch so als meine Jünger erweist.

So wie der Vater mich liebt, habe ich euch meine Liebe erwiesen. Bleibt in dieser Liebe! Wenn ihr meine Gebote befolgt, dann bleibt ihr in meiner Liebe, so wie ich die Gebote

meines Vaters befolgt habe und in seiner Liebe bleibe. Ich habe euch dies gesagt, damit meine Freude euch erfüllt und an eurer Freude nichts mehr fehlt.
Dies ist mein Gebot: Ihr sollt einander so lieben, wie ich euch geliebt habe. Niemand liebt mehr als einer, der sein Leben für seine Freunde opfert. Ihr seid meine Freunde, wenn ihr mein Gebot befolgt.
Ich nenne euch nicht mehr Diener; denn ein Diener weiß nicht, was sein Herr tut. Vielmehr nenne ich euch Freunde; denn ich habe euch alles gesagt, was ich von meinem Vater gehört habe. Nicht ihr habt mich erwählt, sondern ich habe euch erwählt. Ich habe euch dazu bestimmt, reiche Frucht zu bringen, Frucht, die Bestand hat. Darum gilt auch: Alles, was ihr vom Vater in meinem Namen, unter Berufung auf mich, erbittet, wird er euch geben. Dieses eine Gebot gebe ich euch: Ihr sollt einander lieben!

»Das ist mein Blut«
Brot und Wein beim letzten Abendmahl

Am Ende des irdischen Lebens Jesu steht noch einmal ein festliches Mahl mit seinen Jüngern. Es steht freilich unter anderen Vorzeichen als die vielen ausgelassenen Mahlzeiten, die er in den Wochen und Monaten zuvor in ganz Galiläa mit Jüngern und mit Fremden gefeiert hat. Jesus blickt an diesem Abend auf seinen Tod voraus. Er ist nach Jerusalem gekommen trotz der sicheren Ahnung, dass sich der Konflikt mit seinen Widersachern hier in furchtbarer Weise zuspitzen wird. Seine Jünger, die für ihn ihr früheres »bürgerliches« Leben aufgegeben haben, können sich nicht vorstellen, wie es weitergehen soll, wenn ihr Meister nicht mehr unter ihnen sein wird.

In dieser Situation feiert Jesus mit seinen Jüngern noch einmal das jüdische Passafest. Das gemeinsame Essen und Trinken soll sie ein letztes Mal miteinander verbinden – stärker, als Worte allein es tun könnten. Indem Jesus sich dabei an den alten Ritus des Passafestes hält, macht er seinen Jüngern (und sich selbst) noch einmal deutlich, dass der Grund ihrer tiefen Verbundenheit und Freundschaft in ihrem gemeinsamen Glauben an die bedingungslose Nähe des liebenden Gottes liegt.

Im Passaritus spielt neben dem Verzehr ungesäuerten Brotes auch der gemeinsame Genuss von Wein eine Rolle. Mit den Worten, die Jesus zu Brot und Wein spricht, bringt er die beiden Gaben mit seinem bevorstehenden Sterben in Verbindung und gibt ihnen einen neuen Sinn: Sie weisen hin auf die bedingungslose Hingabe seines Lebens für die Jünger und werden damit zu einem »Vorgeschmack« des ewigen Lebens. Der Wein erfährt auf diese Weise gegenüber allen anderen Getränken eine ganz besondere Auszeichnung. (Lukas 22,14-20)

Als die Stunde gekommen war, setzte sich Jesus zu Tisch und die Apostel mit ihm. Er sagte: »Ich habe mich sehr danach gesehnt, dieses Passamahl mit euch zu

feiern, bevor ich leiden muss. Denn ich sage euch: Ich werde es erst wieder feiern, wenn das, worauf jedes Passamahl hinweist, in der neuen Welt Gottes zur Erfüllung gekommen ist.«
Dann nahm er den Becher mit Wein, sprach darüber das Dankgebet und sagte: »Nehmt diesen Becher und teilt ihn unter euch! Denn ich sage euch: Ich werde erst wieder Wein trinken, wenn die neue Welt Gottes da ist.«
Dann nahm Jesus ein Brot, sprach darüber das Dankgebet, brach es in Stücke und gab es ihnen mit den Worten: »Das ist mein Leib, der für euch geopfert wird. Tut das immer wieder, damit unter euch gegenwärtig ist, was ich für euch getan habe!«
Ebenso nahm er nach dem Essen den Becher mit Wein und sagte: »Dieser Becher ist Gottes neuer Bund, der in Kraft gesetzt wird durch mein Blut, das für euch vergossen wird.«

Die kommende Welt – ein himmlisches Fest

Es gibt viele Gründe zum Feiern: Geburtstage, Hochzeiten, Gehaltserhöhungen, Namenstage, die bestandene Abiturprüfung, Silvester, Weihnachten, eine neue Arbeitsstelle, ein gelungener Geschäftsabschluss ... Manche Anlässe sind einmalig (wie das Abitur), manche sollten es sein (wie die Hochzeit), andere kehren immer wieder (wie Weihnachten). Dass auch in der Bibel viel gefeiert wird, haben die vergangenen Kapitel gezeigt. Und zuletzt haben wir bereits gesehen, dass auch Jesus hier keine Ausnahme macht, im Gegenteil: Oft ist er selbst der Initiator von Festessen und anderen Feiern. Wenn er dabei seine Gäste am Straßenrand aufliest oder aus den hinteren Reihen der Hörerschar zu sich ruft, so bedeutet das Fest mehr als nur eine erfreuliche Abwechslung in einem ansonsten eher grauen Alltag. Zwar geht es bei diesen Mahlzeiten nicht immer opulent zu, aber die Feststimmung hängt hier auch nicht von der Qualität der Speisen und Getränke ab. Wo Jesus die Menschen einlädt, da ruft er sie an den Tisch Gottes. Hier wird wahr, was Psalm 23 zu Gott sagt: »Festlich nimmst du mich bei dir auf und füllst mir den Becher randvoll.«

Freilich: Wie alle Feiern, so gingen auch jene, zu denen Jesus einlud oder von denen er in seinen Gleichnissen erzählte, zu Ende. Noch ist das Leben ein ständiger Wechsel aus Feier- und Werktagen. Und doch weisen die Feste über sich selbst hinaus auf das Reich Gottes, dessen Anbruch in ihnen bereits vorweggenommen ist und auf das die Welt zugeht. Dann wird gefeiert werden wie nie zuvor: himmlisch und ohne Ende.

Ein Fest für den Wiedergefundenen
Der verlorene Sohn

Er war noch bei der Feldarbeit, als er plötzlich von fern Musik hörte, schwungvolle Tanzmusik. Auch laute, fröhliche Stimmen waren zu hören. Offensichtlich wurde im Haus seines Vaters etwas gefeiert. Doch er wusste von keinem Geburtstag, von keiner Hochzeit. Es musste etwas Überraschendes passiert sein. Als er zum Haus kam, begegnete ihm einer der Knechte und erzählte ihm den Grund des spontanen Festes: Sein jüngerer Bruder, der vor langer Zeit den väterlichen Hof verlassen hatte, war zurückgekommen. Und der Vater, außer sich vor Freude, hatte alle Nachbarn und Bekannten eingeladen und ein festliches Mahl zubereiten lassen.

Bei ihm, dem älteren Sohn, will keine Feierstimmung aufkommen. Wer wollte ihn nicht verstehen: Jahrelang hat er für seinen Vater geschuftet, der den Hof sonst kaum hätte halten können. Viel zu feiern gab es nie. Und nun kommt der Bruder zurück, der Taugenichts, der sein Erbteil verprasst und versoffen hat, und statt ihn zur Rede zu stellen erwähnt der Vater seine Verfehlungen mit keinem Wort. Jesus wendet sich mit dieser seiner berühmtesten Gleichniserzählung besonders an die religiöse Elite seines Volkes: Für die Frommen, die die Gebote Gottes immer hoch geachtet haben, ist es schwer erträglich, dass sich Jesus vorbehaltlos den Sündern und Außenseitern zuwendet und behauptet, Gott sei gerade ihnen nahe. Doch seine Liebe befreit den Menschen vom Bann seiner Vergangenheit und ermöglicht Umkehr und Neuanfang. Wenn das kein Grund zum Feiern ist! (Lukas 15,11-32)

Jesus erzählte: »Ein Mann hatte zwei Söhne. Der jüngere sagte: ›Vater, gib mir den Teil der Erbschaft, der mir zusteht!‹ Da teilte der Vater seinen Besitz unter die beiden auf. Nach ein paar Tagen machte der jüngere Sohn seinen ganzen Anteil zu Geld und zog weit weg in die Fremde. Dort lebte er in Saus und Braus und verjubelte alles.
Als er nichts mehr hatte, brach in jenem Land eine große Hungersnot aus; da ging es ihm schlecht. Er hängte sich an einen Bürger des Landes, der schickte ihn aufs Feld zum Schweinehüten. Er war so hungrig, dass er auch mit dem Schweinefutter zufrieden gewesen wäre; aber er bekam nichts davon.
Endlich ging er in sich und sagte: ›Mein Vater hat so viele Arbeiter, die bekommen alle mehr, als sie essen können,

und ich komme hier um vor Hunger. Ich will zu meinem Vater gehen und zu ihm sagen: Vater, ich bin vor Gott und vor dir schuldig geworden; ich bin es nicht mehr wert, dein Sohn zu sein. Nimm mich als einen deiner Arbeiter in Dienst!‹
So machte er sich auf den Weg zu seinem Vater. Er war noch ein gutes Stück vom Haus entfernt, da sah ihn schon sein Vater kommen, und das Mitleid ergriff ihn. Er lief ihm entgegen, fiel ihm um den Hals und überhäufte ihn mit Küssen. ›Vater‹, sagte der Sohn, ›ich bin vor Gott und vor dir schuldig geworden, ich bin es nicht mehr wert, dein Sohn zu sein!‹
Aber der Vater rief seinen Dienern zu: ›Schnell, holt die besten Kleider für ihn, steckt ihm einen Ring an den Finger und bringt ihm Schuhe! Holt das Mastkalb und schlachtet es! Wir wollen ein Fest feiern und uns freuen! Denn mein Sohn hier war tot, jetzt lebt er wieder. Er war verloren, jetzt ist er wiedergefunden.‹ Und sie begannen zu feiern.
Der ältere Sohn war noch auf dem Feld. Als er zurückkam und sich dem Haus näherte, hörte er das Singen und Tanzen. Er rief einen der Diener herbei und fragte ihn, was denn da los sei. Der sagte: ›Dein Bruder ist zurückgekommen und dein Vater hat das Mastkalb schlachten lassen, weil er ihn gesund wiederhat.‹
Der ältere Sohn wurde zornig und wollte nicht ins Haus gehen. Da kam der Vater heraus und redete ihm gut zu. Aber der Sohn sagte zu ihm: ›Du weißt doch: All die Jahre habe ich wie ein Sklave für dich geschuftet, nie war ich dir

ungehorsam. Was habe ich dafür bekommen? Mir hast du nie auch nur einen Ziegenbock gegeben, damit ich mit meinen Freunden feiern konnte. Aber der da, dein Sohn, hat dein Geld mit Huren durchgebracht; und jetzt kommt er nach Hause, da schlachtest du gleich das Mastkalb für ihn.‹

›Mein Sohn‹, sagte der Vater, ›du bist immer bei mir, und dir gehört alles, was ich habe. Aber jetzt mussten wir doch feiern und uns freuen! Denn dein Bruder war tot und ist wieder am Leben. Er war verloren und ist wiedergefunden.‹«

Geänderte Gästeliste

Das große Festmahl

Wer kennt das nicht: Man wird zu einem Fest eingeladen – und hat eigentlich gar keine Lust hinzugehen. Sei es, dass man den Gastgeber nicht mag, dass einem die anderen Gäste unsympathisch sind oder dass man etwas Besseres vorhat. Also absagen! Oder doch nicht? Man will ja den Gastgeber auch nicht vor den Kopf stoßen. Eine schwierige Situation.

Jesus hat einmal eine Geschichte erzählt, in der genau diese Situation behandelt wird, allerdings aus der Perspektive des Gastgebers. Frühzeitig schon hatte dieser – ein offensichtlich hoch gestellter Mann – seine Gäste von der Feier in Kenntnis gesetzt und sie hatten zugesagt. Als

es nun so weit ist, schickt er seine Diener aus, um die Gäste abzuholen. Doch einer nach dem anderen sagt ab. Zwar haben sie durchaus nachvollziehbare Gründe, die Absage bedeutet aber gleichwohl eine Brüskierung des Gastgebers. Doch der lässt die Feier trotzdem stattfinden und verschiebt sie nicht – nur die Gäste sind am Ende andere als ursprünglich geplant.
Auch mit dieser Geschichte hat Jesus vor allem die führenden Kreise der damaligen Gesellschaft im Blick – die vermeintlich Erstgeladenen. Ihnen sagt Jesus: Gott lädt auch diejenigen zu seinem Fest ein, von denen es niemand erwartet, und wer sich allzu sicher ist dazuzugehören, könnte das Fest am Ende verpassen. Das sollte den Frommen aller Zeiten zu denken geben. (Lukas 14,16-24)

Jesus erzählte ein Gleichnis; er sagte: »Ein Mann hatte viele Leute zu einem großen Essen eingeladen. Als die Stunde für das Mahl da war, schickte er seinen Diener, um die Gäste zu bitten: ›Kommt! Alles ist hergerichtet!‹
Aber einer nach dem andern begann, sich zu entschuldigen. Der erste erklärte: ›Ich habe ein Stück Land gekauft, das muss ich mir jetzt unbedingt ansehen; bitte, entschuldige mich.‹ Ein anderer sagte: ›Ich habe fünf Ochsengespanne gekauft und will gerade sehen, ob sie etwas taugen; bitte, entschuldige mich.‹ Ein dritter sagte: ›Ich habe eben erst geheiratet, darum kann ich nicht kommen.‹
Der Diener kam zurück und berichtete alles seinem Herrn. Da wurde der Herr zornig und befahl ihm: ›Lauf schnell auf

die Straßen und Gassen der Stadt und hol die Armen, Verkrüppelten, Blinden und Gelähmten her!‹
Der Diener kam zurück und meldete: ›Herr, ich habe deinen Befehl ausgeführt, aber es ist immer noch Platz da.‹
Der Herr sagte zu ihm: ›Dann geh auf die Landstraßen und an die Zäune draußen vor der Stadt, wo die Landstreicher sich treffen, und dränge die Leute hereinzukommen, damit mein Haus voll wird!‹«
Jesus schloss: »Das sollt ihr wissen: Von den zuerst geladenen Gästen kommt mir niemand an meinen Tisch!«

Alle werden satt

Die Speisung der Fünftausend

Als die Dämmerung einsetzte, wurden die ersten nervös. Vor Stunden schon waren sie aus ihren Dörfern aufgebrochen, um Jesus zu hören. Wie ein Lauffeuer hatte es sich herumgesprochen, dass er in ihre Gegend gekommen war. Besonders die Kranken – Blinde, Lahme, Taube und Aussätzige – hatten sich zu Jesus geschleppt, um ihn zu sehen und zu hören und um von ihm geheilt zu werden. Ihre Hoffnung war nicht enttäuscht worden. Doch jetzt war es spät, der Heimweg war weit und sie hatten nichts zu essen.
Auch Jesu Jünger waren ratlos. Ganze fünf Brote sowie zwei Fische hatten sie. Der Gedanke, damit den Hunger der Massen stillen zu wollen, wirkte geradezu lächerlich.

Doch dann geschieht das Wunder und am Ende werden alle satt.
Brot und Fisch, Grundnahrungsmittel jener Zeit – ein festliches Menü ist das nicht gerade. Und doch feiert Jesus mit diesen 5000 Menschen (Frauen und Kinder nicht mitgerechnet!) ein Fest des Lebens. Jesus sorgt für Seele und Leib des Menschen; das eine ist ihm so wichtig wie das andere. Wer seinen Hunger, seinen Lebenshunger, von ihm stillen lässt, bekommt eine Vorahnung dessen, wie es einst im Reich Gottes sein wird. (Matthäus 14,13-21)

Jesus ging von dort weg und fuhr mit dem Boot an eine einsame Stelle. Aber die Leute in den umliegenden Orten erfuhren es und folgten ihm auf dem Landweg. Als Jesus aus dem Boot stieg, sah er eine große Menschenmenge vor sich. Da ergriff ihn das Mitleid und er heilte ihre Kranken.
Darüber wurde es Abend. Seine Jünger kamen zu ihm und sagten: »Es ist schon spät und die Gegend hier ist einsam. Schick doch die Leute weg! Sie sollen in die Dörfer gehen und sich etwas zu essen kaufen!«
Jesus antwortete ihnen: »Warum sollen sie weggehen? Gebt doch *ihr* ihnen zu essen!«
Die Jünger hielten ihm entgegen: »Wir haben nur fünf Brote und zwei Fische hier.«
»Bringt sie mir her!«, sagte Jesus.
Er forderte die Leute auf, sich ins Gras zu setzen. Dann nahm er die fünf Brote und die zwei Fische, sah zum Him-

mel auf und sprach das Segensgebet darüber. Er brach die Brote in Stücke und gab sie den Jüngern, und die verteilten sie an die Menge. Alle aßen und wurden satt, und sie füllten sogar noch zwölf Körbe mit dem Brot, das übrig blieb. Etwa fünftausend Männer hatten an der Mahlzeit teilgenommen, dazu noch Frauen und Kinder.

Am Tisch des Auferstandenen
Der wunderbare Fischfang

Auch die folgende Geschichte setzt in der Dämmerung ein. Es ist aber eine andere Dämmerung, eine besondere Finsternis, die sich über die Welt legt: Jesus ist tot, vor kurzem am Kreuz gestorben. So hat sich auch auf die Herzen der Jünger ein schwerer Schatten gelegt: Der, der ihnen Hoffnung und Zukunft geschenkt hat, der für sie die Quelle erfüllten Lebens war, ist nicht mehr mit ihnen; der Tod hat ihn geholt. Also leben Petrus und die anderen wieder wie in der Zeit, bevor Jesus ihnen begegnete. Und das heißt, da sie nun einmal Fischer sind: Sie fischen.
Auf Fischfang ging man damals häufig nachts. So machen es auch die Jünger. Zunächst scheint es, als wollte ihnen nichts mehr gelingen, denn die Netze bleiben leer. Doch dann wird es Morgen und die Geschichte nimmt eine überraschende Wende. Schließlich finden sich die Jünger am Tisch des Auferstandenen wieder und feiern seinen Sieg über den Tod.

Der Evangelist Johannes erzählt die Begebenheit als eine Mutmach-Geschichte für die damals noch junge Kirche, die sich in den insgesamt sieben Jüngern wiedererkennen darf. Der Fischfang ist in der Bibel ein geläufiges Bild für die Mission. In der regelmäßigen Feier des Brotbrechens, das wir bis heute in Abendmahl und Eucharistie wiederholen, kehrt die Kirche seither immer wieder zu diesem wunderbaren Morgen zurück und streckt sich zugleich zu dem neuen Tag aus, der am Ende der Tage anbrechen und ewiges Licht mit sich bringen wird. (Johannes 21,1-14)

Später zeigte sich Jesus seinen Jüngern noch einmal am See von Tiberias. Das geschah so:
Einige von ihnen waren dort am See beisammen – Simon Petrus, Thomas, der auch Zwilling genannt wurde, Natanaël aus Kana in Galiläa, die Söhne von Zebedäus und zwei andere Jünger. Simon Petrus sagte zu den anderen: »Ich gehe fischen!« »Wir kommen mit«, sagten sie. Gemeinsam gingen sie zum See und stiegen ins Boot; aber während der ganzen Nacht fingen sie nichts.
Es wurde schon Morgen, da stand Jesus am Ufer. Die Jünger wussten aber nicht, dass es Jesus war. Er redete sie an: »Kinder, habt ihr nicht ein paar Fische?«
»Nein, keinen einzigen!«, antworteten sie.
Er sagte zu ihnen: »Werft euer Netz an der rechten Bootsseite aus! Dort werdet ihr welche finden.«
Sie warfen das Netz aus und fingen so viele Fische, dass sie das Netz nicht ins Boot ziehen konnten.

Der Jünger, den Jesus besonders lieb hatte, sagte zu Petrus: »Es ist der Herr!« Als Simon Petrus das hörte, warf er sich das Obergewand über, band es hoch und sprang ins Wasser. Er hatte es nämlich zum Arbeiten abgelegt. Die anderen Jünger ruderten das Boot an Land – es waren noch etwa hundert Meter – und zogen das Netz mit den Fischen hinter sich her.
Als sie an Land gingen, sahen sie ein Holzkohlenfeuer mit Fischen darauf, auch Brot lag dabei. Jesus sagte zu ihnen: »Bringt ein paar von den Fischen, die ihr gerade gefangen habt!«
Simon Petrus ging zum Boot und zog das Netz an Land. Es war voll von großen Fischen, genau hundertdreiundfünfzig. Aber das Netz riss nicht, obwohl es so viele waren.
Jesus sagte zu ihnen: »Kommt her und esst!«
Keiner von den Jüngern wagte zu fragen: »Wer bist du?« Sie wussten, dass es der Herr war.
Jesus trat zu ihnen, nahm das Brot und verteilte es unter sie, ebenso die Fische.
Dies war das dritte Mal, dass sich Jesus seinen Jüngern zeigte, seit er vom Tod auferstanden war.

Eine Feier ohne Ende

Das Hochzeitsmahl des Lammes

Wenn im Alten Orient eine Hochzeit gefeiert wurde, so war das keine Sache weniger Stunden. Eine ganze Woche

lang dauerten Tanz und Gesang. Die Gäste kamen und gingen und es wurde gegessen und getrunken, was Küche und Keller hergaben.
Und doch ist diese ausgelassene Festfreude nur ein matter Abglanz der großen Feier am Ende der Zeit, auf die die Welt zugeht. Von ihr ist im letzten Buch der Bibel die Rede, in der Offenbarung des Johannes. Über weite Strecken ist die Offenbarung zwar ein düsteres Buch, in dem von Kriegen und Hunger, von Tod und Verderben zu lesen ist und in dem eine große, übermenschliche »Hure« die Menschen zur Untreue gegenüber Gott verführt. Doch ist das alles nur die Vorgeschichte der großen Wende, die Gott schließlich heraufführen wird. Er wird allem Dunkel ein Ende setzen und die Menschen dann zu einer großen Hochzeitsfeier einladen, zum »Hochzeitsmahl des Lammes«. Das Lamm meint Jesus Christus und als Braut dürfen sich alle Menschen verstehen, die sich in ihrem Leben an ihn gehalten haben. Nie gekannte, ungebrochene Freude wird dann herrschen, die von nichts mehr in Frage gestellt werden kann. Nicht eine Woche, sondern eine Ewigkeit lang! (Offenbarung 19,1-9)

Danach hörte ich im Himmel das laute Rufen einer großen Menge:
»Halleluja – Preist den Herrn!
Der Sieg und die Herrlichkeit und die Macht
gehören unserem Gott!
Seine Urteile sind wahr und gerecht.

Er hat die große Hure verurteilt,
die mit ihrer Unzucht die Erde zugrunde gerichtet hat.
Er hat das Blut seiner Diener und Dienerinnen gerächt,
das an ihren Händen klebte.«
Und wieder riefen sie:
»Halleluja – Preist den Herrn!
Der Rauch der brennenden Stadt
steigt in alle Ewigkeit zum Himmel!«
Die vierundzwanzig Ältesten und die vier mächtigen Gestalten warfen sich nieder und beteten Gott an, der auf dem Thron saß. Sie riefen: »Amen! Halleluja!«

Dann sprach eine Stimme vom Thron her:
»Preist unseren Gott,
ihr seine Diener und Dienerinnen,
ihr alle, die ihr ihn verehrt,
Hohe und Niedrige miteinander!«

Dann hörte ich das Rufen einer großen Menge. Es klang wie das Tosen des Meeres und wie lautes Donnerrollen. Sie riefen:
»Halleluja – Preist den Herrn!
Der Herr hat nun die Herrschaft angetreten,
er, unser Gott, der Herrscher der ganzen Welt!
Wir wollen uns freuen und jubeln
und ihm die Ehre geben!
Der Hochzeitstag des Lammes ist gekommen;
seine Braut hat sich bereitgemacht.

Ihr wurde ein herrliches Kleid gegeben
aus reinem, leuchtendem Leinen!«
Das Leinen steht für die gerechten Taten der Menschen in Gottes heiligem Volk.

Dann sagte der Engel zu mir: »Schreib auf: Freuen dürfen sich alle, die zum Hochzeitsmahl des Lammes eingeladen sind.« Und er fügte hinzu: »Dies alles sind Worte, die von Gott kommen; auf sie ist Verlass.«

Als Digestif

Einen weiten Bogen haben wir bei unserem Durchgang durch die Bibel gespannt: von Noach, jenem ersten Weinbauer und Weintrinker aus grauer Vorzeit, über die kleinen und großen Feste und Feierlichkeiten im Alten und Neuen Testament sowie die Festgeschichten und Mähler Jesu bis hin zum großartigen Fest, das Gott mit den Menschen am Ende der Zeit feiern will. Fröhliche Zecher sind uns ebenso begegnet wie tragische Trinker, denen der Wein zum Verhängnis wird.

Erstaunlich unterschiedlich und vielfältig ist, was die Bibel zu unserem Thema zu sagen hat. Zwar erzählt sie vereinzelt auch von Antialkoholikern und es fehlen auch mahnende Stimmen nicht, doch wenden sich diese kaum gegen Weingenuss und fröhliche Feierstimmung als solche, sondern eher gegen übertriebene Trunksucht und damit nicht selten zusammenhängendes peinliches Verhalten.

Deutlich dürfte jedenfalls geworden sein, dass Gott als Schöpfer und Freund des Lebens von seinen Geschöpfen keine »bierernste« Verbissenheit und keine ängstliche Scheu vor vermeintlichen Gebotsübertretungen erwartet, sondern sie zur Freude am Leben ermutigen will. Er gleicht einem Musiker, der zum Tanz aufspielt und darauf wartet, dass die Menschen sich mitreißen lassen. Trotz des Unheils und des Verderbens, trotz des Hungers und Mangels, die es in der Welt zu allen Zeiten gab und von denen die Bibel ja doch auch – und sogar mehr und tiefer als andere Bücher – zu erzählen vermag, darf und soll gefeiert werden. Sagt man zu viel, wenn man behauptet, dass in jedem Fest (wenn wir die zweifelhaften, auf Kosten anderer gefeierten einmal ausblenden) etwas vom Ursprung und vom Ziel des Lebens aufleuchtet? Wer feiert, bekommt eine Vorahnung von der Zukunft, auf die diese Welt zugeht und die von einem Fest von ganz anderer Dimension geprägt sein wird, vom Fest des Lebens, das von nichts mehr in Frage gestellt werden wird. Jeder Gast, woher er auch kommt und wie zweifelhaft seine Vergangenheit auch ist, darf mitfeiern und kommt hier zu Ehren; niemand wird schief angesehen.

Und wo gefeiert wird, da wird nicht nur Wasser getrunken! Da muss es schon Wein sein. Die Frucht des Weinstocks ist in der Bibel nicht einfach irgendein Getränk, das beliebig gegen ein anderes auszutauschen wäre. Sie ist eine besondere Gabe des Schöpfers an die Menschen. Kein anderes Getränk ist so wie der Wein mit Feiern und Festlichkeiten verbunden. Sicher – man *kann* sich mit billigem Wein (wenn es sein muss auch mit teurem) trefflich in Depression und Schwermut hineintrinken; außer Frage steht auch, dass Weinkonsum zu Sucht und Krankheit führen *kann*, aber das sind Missbräuche. Wo der Wein zur Rekreation des Gemüts beiträgt, wo er Geist, Seele und

Körper erfrischt, wo er die Geselligkeit und das gute Gespräch befördert, wo er Feste festlicher macht, da wird er als Geschenk des Schöpfers erfahrbar und ein Stück Ewigkeit kann in ihm geschmeckt werden. Die Einladung gilt (Psalm 34,9): »Schmecket und sehet, wie freundlich der HERR ist!«